日経文庫
NIKKEI BUNKO

ジョブ型雇用はやわかり

マーサージャパン［編著］

JN098014

日本経済新聞出版

はじめに

「ジョブ型雇用」という言葉が日常的に聞かれるようになったのは、2020年初頭に新型コロナウイルス感染症が拡大したタイミングと合致しています。オフィスへの出社が制限され、それまであまり進んでいなかったリモートワーク・テレワークの活用が劇的に拡大。デジタル・トランスフォーメーション（DX）の領域では、平時なら10年はかかる変化がわずか3カ月で起きた、とも言われています。

リモートワーク下では、これまでのように上司が部下の「働く時間と仕事ぶり」をすぐそばで見て評価することが難しくなりました。こうして、一人ひとりの仕事・役割をより明確化する必要があるという文脈で、ジョブ型雇用というバズワードが新聞、雑誌の紙面を賑わすようになったのです。筆者たちが所属する人事コンサルティングファームにも、「ジョブ型雇用」の検討・導入に関する依頼が非常に多く舞い込んできています。

しかし、リモートワークはジョブ型雇用を世間一般に認知させるきっかけになったにすぎません。むしろ、近年のデジタル化、グローバル化、少子高齢化といったメガトレンドによって、ジョブ型雇用を導入する必要性が徐々に高まってきたのです。

この数年、経済界からは終身雇用の限界が叫ばれています。大手企業各社で従来の人事制度ではうまく処遇できないデジタル人材の初任給を上げる、といったニュースを覚えておられる読者も多いことでしょう。ジョブ型雇用の必要性は、急に降って湧いたのではなく、日本経済の大きなマクロ的変化の中で位置づけられるべきものなのです。

本書では日々忙しいビジネスパーソンの方々が「ジョブ型雇用」を正しく理解し、きちんと活用いただくための実践的な方法論を、できるだけやさしく解説しています。経営層や人事部門の専門家にとっても役に立つ内容となるように努めていますが、20代・30代の若手社員やこれから新たにジョブマーケットに参画する学生のみなさんにも、人生100年時代の長いキャリアを構築するうえで、ぜひご参考にしていただければと思います。

ジョブ型雇用に限らず、人事戦略、人事制度は経営戦略を実現するための手段ですので、個別企業の置かれた状況・戦略によって取り得る手段には数多くのバリエーションがあります。すべての企業にとって「ジョブ型雇用」が向いているとは限りません。

しかし、コンサルティングの現場で多くの企業を支援する立場から見ると、今日、多くの日本企業にとって「ジョブ型雇用」を導入する意義はますます高まってきています。ぜひ本書を、あなたの会社・組織の経営戦略・人事戦略・人事制度の構築、そして個々人のより有意義なキャリアプランのために役立てていただければ幸いです。

2021年4月

マーサー ジャパン　筆者一同

ジョブ型雇用はやわかり

目次

第1章 ジョブ型雇用とは何か

第2章 ジョブ型雇用の基本形

第3章 経営戦略とのかかわり

第4章

導入にあたってのポイント

第5章

ジョブ型雇用がもたらすもの

第6章 競争力強化のためになすべきこと

第1章

ジョブ型雇用とは何か

1　なぜいま、ジョブ型雇用なのか

話し手によって定義・イメージが違う

昨今、「ジョブ型雇用」という言葉が人事の専門誌のみならず、主要メディアなどでも日常的に取り上げられるようになってきました。いわく「日本企業はジョブ型雇用にシフトしないと競争力を回復できない」「ジョブ型雇用導入の成功のポイントはジョブディスクリプション（職務記述書）を正確に作成していくことにある」「ジョブ型雇用では従来の日本型経営、メンバーシップ型雇用の良さを損なう恐れがある」など、さまざまな主張が見られます。

はたして、ジョブ型雇用は、これからの日本企業を救うために欠かせない処方箋なのでしょうか。それとも使い方によっては大きく経営を傾けてしまう劇薬なのでしょうか。

これらの問いに対する答えは、本書を読み進んでいく中でおのずと得られるようになっていますので、ここではあえて解説をせずに先に進みたいと思います。ぜひ読者のみなさんも、これからの日本社会・日本企業にとって、あるいはみなさんが勤める会社や業界において、ジョブ型雇用にどのような意味合いがあるかを考えながら、読み進んでいただけると幸いです。

ところで、ジョブ型雇用というと、みなさんはどのような仕組みをイメージするでしょうか。実は人事の専門家である我々にとっても、このジョブ型雇用という言葉は話し手によってそれぞれ定義・イメージに幅があり、少々扱いにくいという面があります。その内容は今後くわしく解説をしていきますが、ここではひとまず、ジョブ型雇用とは「従業員は特定のジョブの履行を、企業はジョブの内容に見合った適正な対価を支払うことを約束する一連の雇用システム」と定義します。

ジョブ型雇用は、日系大手企業を中心に広く見られる年功賃金・終身雇用、すなわち「メンバーシップ型雇用」の対比として語られることが多いのですが、なぜ昨今これほどまでに注目を浴びるようになってきたのでしょうか。

「はじめに」で述べたように、ジョブ型雇用という言葉が広まったのは、新型コロナウイルス感染対策でリモートワークが普及したタイミングと一致しています。しかしリモートワークはジョブ型雇用を世間一般に認知させるきっかけになったにすぎません。むしろ、

図表 1-1
メガトレンドに起因する「ジョブ型雇用」の必要性

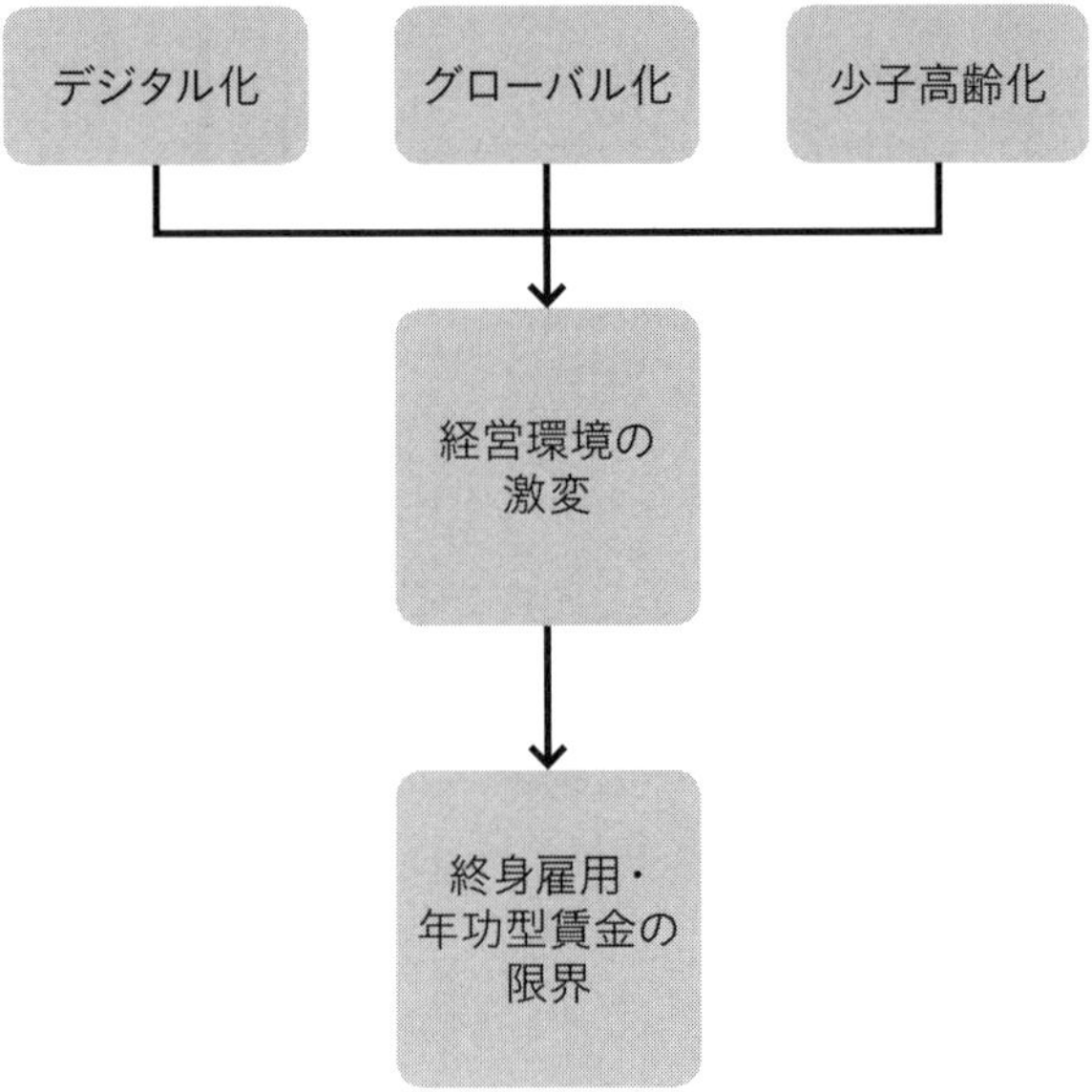

ジョブ型雇用の本来的な必要性は、近年のデジタル化、グローバル化、少子高齢化というメガトレンドに起因しています。

「ジョブ型雇用」という言葉が普及するずっと前から、終身雇用制の限界、年功型賃金体系の制度疲労ということは言われ始めていました。リモートワークは、これらのメガトレンドがもたらす変化を加速する、いわば触媒のようなものだと言えるでしょう。

そもそも「ジョブ」とは何かを考える

ところで、そもそも「ジョブ」とは何でしょうか。「ジョブ」に近い言葉としては、「タスク（業務）」という概念があります。

例えば銀行の支店に勤務する店頭スタッフの仕事は、伝票受付、伝票処理、現金勘定、商品説明、クレーム対応など、さまざまなタスクで構成されています。シンプルに言えば、「ジョブ」とは、それらの一連のタスクの集合体であり、各個人が遂行することが期待される業務のかたまり、と言うとわかりやすいでしょう。銀行の支店であれば、店頭事務スタッフのほか、事務部門マネジャー、個人営業スタッフ、個人営業部門マネジャー、警備スタッフ、支店長などさまざまなジョブがあります。

くわしくは第2章以降で解説をしますが、ジョブを区分するにあたっては、主に職種と階層という2つの軸があります。職種は事務・営業・警備などの仕事内容で区別され、階層は一般スタッフ・係長・課長・支店長といった組織内の序列や専門性の度合いで区別されます。

銀行の営業系職種の場合、支店では個人営業・法人営業など2種類程度の分類ですが、銀行の本社部門となると大手法人営業、中堅・中小営業統括、海外営業、リテール営業企画など、営業と言ってもさまざまなジョブに分かれます。

階層についても、組織規模や職種によってどの程度区別されるかは異なりますが、一般的には非管理職層で3～4段階、管理職層で3～5段階程度に分かれることが多いです。

どのようにジョブを区分し定義するかは、それぞれの会社の事業戦略、組織設計と密接に関わっており、唯一絶対に正しいジョブの区分方法はありません。しかし同時に、あまりに独自すぎるジョブを設定しても、社外からの人材採用や人材育成が難しくなります。

このため、現実的な人材確保策を念頭に、無理のない適切な区分で各ジョブを定義することが重要です。ジョブ型雇用とは、原則としてこのようにそれぞれのジョブを定義し、従業員はそれぞれのジョブの遂行を、企業はジョブの内容に見合った適正な対価を支払うことを約束する一連の雇用システムです。

それぞれのジョブをジョブディスクリプション（JD：職務記述書）に定義するにあたっては、そのジョブが担うべき「成果責任」「主要な業務・タスク」「求められるスキル・コンピテンシー・経験」「業務上の主要な関係者（上司・部下・同僚・取引先）」などを具体的に定義していきます。JDの作成方法についてはいくつかのアプローチがあり、くわしくは後述します。

メンバーシップ型雇用が生まれた背景

「ジョブ型雇用」について理解するには、まずは日系大手企業の多くがこれまで採用しており、現在も主流となっている「メンバーシップ型雇用」について、その成立・発展の背景を理解する必要があります。

第二次世界大戦後、バブル経済が崩壊する1990年代前半までは、石油ショックやプラザ合意などによる短期的な景気後退を除けば、日本経済は非常に順調に成長してきました。このため多くの日系企業にとって、成長を続ける自国市場を中心に、いかに「性能・品質が高く、安い商品を提供するか」を競い、「品質の優位性をシェア拡大につなげる」

ことが競争力強化につながりました。このような中、日本型人材マネジメント、いわゆるメンバーシップ型雇用は発達し、強化されていきました。

メンバーシップ型雇用の特徴は、「会社は個人に雇用保障をする代わりに、個人はどのような業務にも従事する」というものです。会社と個人の関係は、疑似的な保護者、被保護者の関係と言えます。会社に一度入社すれば途中で辞めないものであり、複数の会社を転々としながら個人がキャリア形成をするというのは例外的なケースとされていました。

結果として、日本企業では新卒のタイミングで大量に一括採用し長期雇用をするのが一般的となり、40年分の先輩・同期・後輩関係の中で毎年価値観の伝達が行われていく均一性の高い組織ができあがりました。このような組織では、長期勤続による技術やノウハウの習熟が期待でき、かつ、構成員の均一性が高く、コミュニケーションコストが低くなります。

メンバーシップ型の長期的な関係性を前提にした習熟、すり合わせ、改善活動により、日本企業は高度な品質を追求し、これらの要因はバブル期までの日本企業の競争力の源泉となりました。

図表 1-2
メンバーシップ型とジョブ型の前提の違い

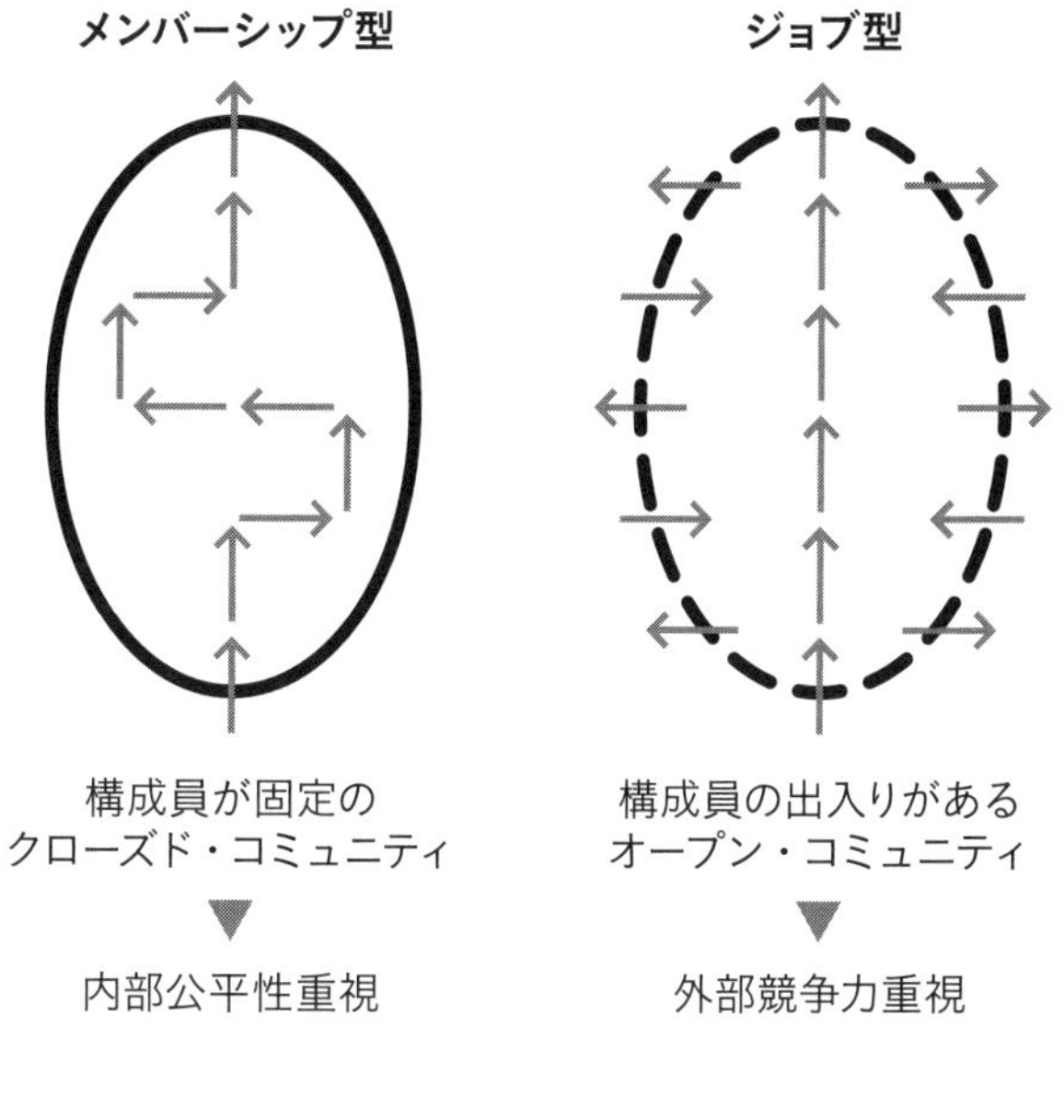

メガトレンドが転換を加速する

しかし、時代は変わりました。近年の競争の土俵は、しばしば「デジタル技術を用いた製品・サービス、ビジネスモデル、経営そのものの変革」や「グローバルビジネスの展開・運営力」そのものになっています。

デジタル化・グローバル化の強みを最大限に活かした企業として、まず思い浮かぶのは米国のIT大手であるGAFA（グーグル、アップル、フェイスブック、アマゾン）でしょう。GAFAをはじめとするデジタル・プラットフォーマーが企業の時価総額ランキングの上位を占めるようになって久しいですが、それらに並ぶ巨大IT企業として成長している例がネットフリックスです。

1997年に設立された同社は、DVDの郵送レンタルのビジネスからスタートしました。しかし、単なる郵送サービスではなく、インターネットを通じて動画を配信する会社になることを目指し、2007年から動画のストリーミングサービスを開始します。デジタル分野での積極的な技術投資を続け、魅力的な自社コンテンツ作製にも取り組んでいきました。2010年時点では北米のみで運営していた同社は、10年足らずで世界190カ国を超える国においてサービスを展開し、他にも多くの動画サービスが出てきている中でも圧倒的な存在感を見せています。

これは一つの例にすぎませんが、デジタル化・グローバル化を前提とした競争環境においては、エッジの効いた戦略の立案と実現のスピードが最重要です。すり合わせによる地道な改善だけでは歯が立ちません。

競争優位の源泉がさまざまな業界で大きく変化している今日、残念ながらこれまでの日本企業の強みは失われてきています。デジタル化やグローバル化に必要な新しいケイパビリティは内部人材だけで確保することが難しく、外部の市場価値が高い人材を採用することが不可欠になってきます。

しかしメンバーシップ型雇用が作り出した均一性の高い組織では、積極的な外部人材の採用・登用をしようとしても、長期勤続を前提とした報酬体系や組織文化がハードルとなって、中途入社の人材の確保や活躍が阻害されるケースが少なからず見受けられます。日本企業は、事業に必要な人材を確保できるように、自社の組織能力・人材競争力を進化させる必要性に迫られていると言えるでしょう。

図表 1-3
経営環境に応じて異なる組織ケイパビリティと人材

安定した経営環境	前提となる経営環境	変化に富んだ経営環境
決まった競争ルールの中での反復・習熟 勝ちパターンの踏襲・再現	組織が要するケイパビリティ	変化する競争ルールにキャッチアップする敏捷性・柔軟性 新たな勝ちパターンの創出
同質性の高い人的経営資源の安定供給	人材調達・活用の要諦	人的経営資源のアジャイルな組み替え・多様性による創造
メンバーシップ型雇用	適したシステム	ジョブ型雇用

優秀人材の確保ができない

ビジネスモデルの変革に加えて、日本国内における少子高齢化や人口減少も雇用のあり方に影響を与えています。

メンバーシップ型雇用は年功制を色濃く持つシステムであり、少子高齢化により若年層が減ることで「支える側」の人数割合が少なくなってくると、そのシステムの維持が困難になります。メンバーシップ型雇用では雇用保障が原則であり、加えて不利益変更は容易でないため、人件費を増加させることが難しい環境下では、まだ報酬が高くない若年層の昇格や昇給を抑制せざるを得なくなります。このような状況では、若年層にとってメンバーシップ型雇用企業に長期にコミットする魅力は大きく低下します。

例えば、新卒の中でも優秀層は就職先としてメンバーシップ型雇用の企業を避ける傾向がでてきており、企業において将来を担う優秀人材の確保が徐々に課題になりつつあります。

少子高齢化の影響は若年層のみに発生しているわけではありません。昨今、生産年齢人口減少や年金支給年齢の引き上げに伴い、定年も延長される傾向にあり、企業は数多くの

図表 1-4
東大・京大就活人気ランキング

順位	企業名	業界
1	野村総合研究所	コンサル・シンクタンク
2	ボストン コンサルティング グループ	コンサル・シンクタンク
3	アクセンチュア	コンサル・シンクタンク
4	KPMGコンサルティング	コンサル・シンクタンク
5	アビームコンサルティング	コンサル・シンクタンク
6	ベイン・アンド・カンパニー	コンサル・シンクタンク
6	三菱商事	商社
8	マッキンゼー・アンド・ カンパニー	コンサル・シンクタンク
9	三井物産	商社
10	伊藤忠商事	商社

出所：ONE CAREER (2020)「東大京大・22 卒就活人気ランキング」(2020 年 5 月 24 日時点で、東京大学・京都大学、または同大学院に所属する 2022 年度卒予定の ONE CAREER 会員 3,045 名を対象にした調査結果）をもとにマーサー作成

中高年を抱える必要性に迫られています。しかしながら、メンバーシップ型雇用のもとでは従業員はキャリアの自律・自立が実現されておらず、リスキル（スキルの再習得）やスキルアップのインセンティブがないため、中高年の不活性層が増える傾向があります。これは個人にとっても組織にとっても大きな負担となっています。

総じて言えば、グローバル化・デジタル化・少子高齢化というメガトレンドの中、企業は事業運営に必要な高度専門人材の確保、組織を将来にわたり支えていく若年優秀者の確保、不活性な中高年層の増加、といった経営課題に直面しています。これらの経営課題に対処するためには、従来の雇用のあり方では難しく、ジョブ型雇用への期待が高まっているのです。

2 ジョブ型雇用のコンセプトとメリット

自分のキャリアを自分で決められる

ジョブ型雇用における会社と個人の関係は、ジョブを介した対等な取引関係です。つまり、あえて模式的に整理すると、契約の取引対象は、企業のメンバーである人そのものではなく、売手・買手が合意したジョブの遂行となります。

このシステムにおいては、人の出入りがあることが前提となります。そのため、マネジメントの起点は、事業戦略の遂行に必要な組織・ジョブを定義し、ワークフォースプラン（要員計画）を立案することから始まります。ジョブに対して適切な人材を配置できない場合には中途採用を行いますが、その際は職種別の採用が前提となり、報酬水準についても職種別に、市場価値を参照しながら決定します。

職種別採用かつ職種別報酬なので、雇用した人員を組織内で自由に配置するのではなく、異動は本人同意が原則となります。そのため、中途採用と同じタイミングで社内公募を実施し、個人にキャリアチャンスが与えられます。個人が現在担当するジョブについてパフォーマンスが悪い場合は、Performance Improvement Program（ＰＩＰ：業績改善プログラム）を適用し、パフォーマンスの改善が見られない場合は、必要に応じて退職勧奨を行うこともあります。

このコンセプトは、メンバーシップ型雇用と比較すると、より理解がしやすいでしょう。メンバーシップ型雇用は、基本的には途中で人が辞めない前提で成立しています。会社は個人に対して雇用を保障する代わりに、個人は会社の指揮命令に応じて業務範囲を制限することなく労働を提供し、会社主導のキャリア形成に応じることになります。

ジョブ型雇用下では、個人は会社に与えられたことをただやるのではなく、自らキャリアプランを立て積極的なキャリア形成を行う努力が求められます。キャリアを会社任せにできない面倒さがある反面、会社に自らのキャリアの生殺与奪の権限を握られず、自律的にキャリアを構築できる仕組みと言えるでしょう。

人の出入りがあることが前提

メンバーシップ型雇用とジョブ型雇用の仕組みの差については第2章でくわしく説明し

ますが、ここではまず、根本的な「思想」の差を理解するために重要な要素として、①人材流動性、②会社と個人の関係性、③報酬配分の3つの点について解説します。

まずは人材流動性に関してですが、前述の通り、メンバーシップ型雇用では雇用保障があり、人の出入りは原則としてほとんどないことが前提です。もちろん最近では、メンバーシップ型雇用の企業でも中途採用は一般的になってきていますが、中途採用者を便宜上、新卒で入社した場合の入社年次と結びつけたり、定年まで勤務することが想定されているなど、既存の仕組みを前提にするケースは少なくありません。

このようなシステムのもとでは既存人員で組織運営するという前提が基本であり、事業に必要な人材を確保する、という発想は乏しくなります。

一方、ジョブ型雇用では、会社都合にせよ、個人都合にせよ、人の出入りがあることが前提になっています。そのため事業に必要な組織・ジョブを規定し、そのジョブに合った適材を社内外から確保する、という発想になります。

会社と個人の関係が変わる

次に会社と個人の関係について見てみると、メンバーシップ型雇用における会社と個人の関係は、いわば保護者と被保護者の関係と言えます。企業は保護者であるため、被保護者の生活は守らなければなりませんが、他方、被保護者の側でも、保護者の言うことを守らなければなりません。会社が個人のキャリアを勝手に決めていいのも、個人がそれを受け入れるのも、この関係性に基づいています。

この関係性は、法的な枠組みとは異なる形で、情緒的な意味で、ある程度は社会的なコンセンサスとなっています。実は転居や職種変更を伴う異動において、個人の同意が求められるケースは諸外国では少なくありません。一方、日本社会においては、手厚い雇用保障の見返りに、個人は自律的にキャリアを決定する権利を放棄している、とも言えるでしょう。

本来、雇用契約は「労働に従事することの対価として報酬を支払う」という、単なる民法上の契約のはずですが、このような前提があるために、希望退職等でそれを「途中解約」することは、多くの企業にとって社会的・心情的に難しい意思決定となります。マスコミも雇用維持を社会的責任とし、できるだけ希望退職は回避すべきといった論調を示すことが一般的です（その一方、希望退職の実施が発表されると株価は業績改善期待によって上昇し、株式市場ではポジティブにとらえられることは少なくありません）。

公平な報酬配分から、社外競争力重視へ

最後にメンバーシップ型雇用とジョブ型雇用の報酬配分に関する違いについてですが、メンバーシップ型雇用は、構成員間における報酬の公平な配分を重視します。長期的な関係性を相互に持ち、均一性が高いメンバーからなる組織を保有するため、構成員に差をつけることや構成員が生活できなくなることに対しては、組織全体として受け入れることが難しいのです。

一方、ジョブ型雇用では、個人間にジョブの獲得に関する競争を生み、会社間には人材の獲得を巡る競争を生み出します。いわば、市場原理によって、個人も会社も己を磨く状況を作ることを重視している、と言えます。

メンバーシップ型の場合でも長期にわたる能力構築競争、出世競争はありますが、ジョブ型雇用に比べて競争の時間軸はかなり長くなります。結果、社内公平性重視のメンバーシップ型雇用、社外競争力重視のジョブ型雇用、という報酬ポリシーの差につながっていくのです。

メンバーシップ型雇用とジョブ型雇用の差は、ジョブディスクリプション（Job

Description＝JD：職務記述書）の有無や、ジョブグレードの有無ではありません。いままで見てきたように根本的な「思想」が異なっており、そこから導かれる一連の仕組みにもさまざまな違いがあります。いわば、それぞれ異なる思想に基づいたエコシステム（生態系）と言ってもよいでしょう。

柔軟な人材確保が可能に

さて、ジョブ型雇用は、会社にとってどのようなメリットがあるでしょうか。最も大きなものは、事業に必要な人材をフレキシブルに確保しやすいことです。事業に必要な人材を確保するのは当たり前だ、という声があがりそうですが、メンバーシップ型雇用では、特にホワイトカラーに関しては、そうではなかったのが実際です。

人が途中で辞めることを前提としない世界観においては、組織に必要な要員数は「既存社員数から定年退職者数を除き、過去の相場感と足元の業績で決まる新卒採用数を加算する」ことで決まります。

この構造の中では、要員の過不足は本質的には検討されず、ましてや、質的なギャップの検討はまったく行われません。必要な人材と現状の要員に関して、質的・量的なギャップを明らかにしていない以上、中途採用やリスキルによって必要なケイパビリティを確保しよう、という動きにもなりません。

一方、ジョブ型雇用ではまったく違うメカニズムが働きます。前述のように、まず事業に必要な組織とジョブを定義し、適所適材で人材を配置していきます。ただちに適材が見つからないジョブに関しては、採用か社内公募でそれを充足します。ジョブごとに人材確保を行うため、職種別採用、職種別報酬となります。

報酬の決定は、市場価値をもとに事業およびジョブをよく理解している現場マネジャーが決定する側面が強くなります。異動は会社主導ではなく、職種が変わるような異動は本人同意が原則となります。さらに、ジョブの要件を満たしていない場合は、ＰＩＰを実施することでパフォーマンスの改善を働きかけ、必要があれば退職勧奨も行います。

この雇用のあり方において、会社内での人の出入りは普通のことであり、人材獲得のための競争を意識したルールづくり・運用が重視されます。これによって、事業に必要な人材の確保・有効活用が行いやすくなるだけでなく、人の出入りがあることを通じ、組織が新しい人材の受け入れに慣れるようになるというメリットがあります。

さらに、いったん雇用されても、上位のジョブに挑戦する機会とその獲得に伴う内外の人材との競争があるため、内部人材にリスキルやスキルアップのインセンティブがあります。

また雇用保障の概念が強くなく、仮にパフォーマンスが悪い・仕事がないといった状況になれば退職勧奨のリスクがあるという構図も、そのインセンティブを強くすることにつながります。個人から見ると少々厳しいと思えるかもしれませんが、若いうちからそのような環境にさらされて努力を続けるため、ジョブ型雇用下ではメンバーシップ型雇用よりも中高年の不活性問題が起きにくくなります。いわば、「ゆでガエル」の正反対の状況です。

総じてジョブ型雇用のメリットは、ジョブに対する採用・社内公募を起点に、「事業に必要な人材を確保できること」であり、さらにそれが個人間に競争をもたらし「リスキルやスキルアップを促す構造があること」、ひいては「組織における不活性層が相対的に出にくいこと」と言えます。ジョブ型＝JD作成といった短絡的な議論の文脈で、「仕事を定義することでやることが明確になって、生産性が上がる」といった類の主張が時折見られますが、ジョブ型雇用の本質的メリットからすると極めて的外れな議論と言えます。

このテーマについては、第2章および第3章でよりくわしく見ていきたいと思います。

報酬とキャリアの決定権を取り戻す

ジョブ型雇用は雇用の安定性を損ない、会社にとっては都合が良くても個人にとっては不利益だ、という論調が新聞、雑誌、ウェブなどで見られることがよくあります。しかし、よく考えると疑問が湧かないでしょうか。実際、従来ジョブ型雇用を採用している外資系企業やプロフェッショナルファームにいる人材群がメンバーシップ型雇用の会社に移りたいという話は、「疲れてしまったので少しゆっくりしたい」というケース以外はあまり聞きません。

むしろ、より多くのチャレンジや昇進機会を求めて、大手金融機関や商社、メーカーなどの流動性が低いメンバーシップ型雇用の伝統的企業から、ジョブ型雇用の外資系企業やベンチャー企業などに移るケースのほうが多く見られるのではないでしょうか。

最近はメンバーシップ型雇用でも中途採用は行われているので、もしジョブ型雇用に重大な問題があるのであれば、ジョブ型雇用下で働く個人がメンバーシップ型雇用の企業に大挙して転職するはずですが、そのような動きはあまり見受けられません。ジョブ型雇用下の個人にとっても、それを是とする十分なメリットがあるからに他ならないでしょう。

それでは、ジョブ型雇用における個人のメリットは何でしょうか。端的に言えば、キャリア自律と報酬水準が挙げられます。

まず、ジョブを獲得できるチャンス、より具体的には、社内公募への応募と外部への転身がありえるため、計画的にスキルアップやリスキルを行うインセンティブが働きます。自ら立てたキャリアプランに即して、現職でパフォーマンスをあげ、能動的に次のステップに挑戦し、獲得できる機会が存在します。

キャリアプランの実現という観点からは、就業期間が40年から50年近くに延びようとしているいま、そんなにも長期にわたり、一社のみに頼ったキャリア形成をするのはリスクを伴うものになりかねません。

みなさんが新卒社員として入社するとき、多くの企業の社長や経営陣は、すでにあと5～10年でリタイアする年齢に到達しています。仮に、そのような経営陣に一生雇用を保障すると言われたとしても、彼らが引退した後、はたして誰が責任をとれるでしょうか。多少の雇用リスクを抱えたとしても、キャリアプランを考え、力をつけ、自らの手で道を開けるほうが、トータルで見てより安定していると言えるのではないでしょうか。

また、専門性の高い業務・判断業務であれば、一般的にジョブ型雇用はメンバーシップ型雇用よりも、報酬が高くなります（単純定型業務には必ずしも当てはまりません）。これは、ジョブ型雇用では人の出入りがあるために会社が外部労働市場にさらされ、報酬をある程度高く設定せざるを得ないためです。つまり、ジョブ型雇用のほうが相対的に給与は高くなるのです。

その一方、ジョブ型雇用下では、一般的に人員体制は「必要なものを必要なときに、必要なだけ」というリーンな組織が通常であり、不活性な人材を内部に長くとどめてはおかないので、きちんと仕事で価値を出す個人であり続ける必要があります。

ただし、これはよく考えると経済的取引としては当たり前のことです。仮に価値を出していなくても雇用を保障し、ある程度の水準までは年功的に給与が上がり、不利益変更がない仕組みのほうが市場メカニズムの観点からするとむしろ不自然であり、長期的に見て持続可能性が低いように思われます。

3　日本における人材マネジメントの大きな流れ

日本独自の制度が発展した理由

ジョブ型雇用への変革を考える前に、日本における人材マネジメントの歴史を、ここで改めて振り返ってみましょう。

多くの日本企業に見られる日本型の雇用のあり方を「メンバーシップ型」と定義づけ、特定された労働＝職務（ジョブ）を単位に雇用契約が締結・解約される「ジョブ型」雇用と比較し概念を整理したのは、濱口桂一郎氏（労働政策研究・研修機構労働政策研究所長）です。

濱口氏は、『新しい労働社会─雇用システムの再構築へ』（岩波新書）において、日本型雇用システムの本質は、「雇用契約それ自体の中には具体的な職務は定められておらず、いわばそのつど職務が書き込まれるべき空白の石版であるという点」であり、企業におけるメンバーシップの維持に最重点が置かれていることだと指摘しました。同著では、一般的に認識されている日本型の人材マネジメントの特徴である長期雇用制度、年功賃金制度、および企業別組合は、このような性質の雇用契約の論理的帰結であると説かれており、この主張をきっかけに、「メンバーシップ型」「ジョブ型」という言葉が広まっていきました。

世界的に見ると、メンバーシップ型雇用がここまで広く普及している状況はユニークと言えるでしょう。欧米のほか、アジア諸国においても、企業の中で数多くある労働のうち、特定されたジョブを切り出し、ジョブをベースに労働力のやりとりを行うことが一般的です。個別には長期雇用を重視する会社や職種があっても、資本主義的な経済取引として、通常、労働力は市場を通じてやりとりがなされ、生涯を通じて、少なくとも何回か転職を経験するケースが大半と言えます。

日本でも中小企業やサービス産業では必ずしもメンバーシップ型雇用ではないケースもありますが、製造業や金融・商社などの大手企業では現在でもメンバーシップ型が主流と言えるでしょう。それでは、なぜ日本では独自のメンバーシップ型雇用が発達したのでしょうか。

第一次世界大戦より前、企業をまたがる人材の移動は当たり前に行われていました。特に20世紀初頭までは、「渡り職工」と言われるように、特定の企業に定着しない熟練した労働者が多く存在していました。しかし、第一次世界大戦前後の近代的産業化の中で、大企業を中心に労働者を自ら育成し始め、社内で養成された職工が長くその工場に勤める傾向が強まっていきました。

さらに、第二次世界大戦時の国家総力体制のもと、政府主導で雇用や賃金の統制が敷かれ、長期雇用慣行や年功賃金が全国的に普及しました。このような状況における労働市場は、構成員が変わらない同一企業内で、個人の処遇を勤続年数や実績によって決定するため、企業ごとの内部労働市場として形成されやすくなります。戦時中に設置された「産業報国会」は、企業別労働組合の性質を持ち、中小企業も含めてメンバーシップ型雇用の原型が実現していきました。

判例によって強化される雇用保障

戦後のＧＨＱの占領政策では、「組合活動を認め強化する」という、その時代では世界的に見てもかなりリベラルな政策がとられ、政府や経営側の圧力なしに、組合活動がさかんに行われるようになりました。終戦直後の経済混乱期でもあり、雇用保障が組合活動の第一のテーマとなりました。

興味深いことに、当時の組合の主張は、例えば、「工場施設が焼失した」「資金がない」という非常に合理的な理由がある場合においても、雇用は確保されるべきという、社会保障的な色彩の強い内容でした。このように、戦時中に見られた独自のメンバーシップ型雇用の要素は、戦後も強化される形で引き継がれていきました。

第二次大戦後において、解雇は実態として広く行われていましたが、その後、1950年代から1970年代を通じて、日本における雇用保障は判例により強化されていきました。最終的には、整理解雇四要件という形で、解雇が認められる4つの要件が整理されました（①人員削減の必要性、②解雇回避努力、③人選の合理性、④手続きの妥当性）。

ただし、それを満たすことは現実的には難しいため、ほとんどのケースにおいては事実上解雇できない、という現在の実務的解釈に落ち着くことになります。一方で、雇用調整としての解雇手段が事実上認められない代わりに、会社の異動権が広く認められるようになりました。職種変更、転勤を含んだ広範な人事異動が会社の判断のみで決定できることを判例上も認めているのは、解雇が難しい中、合理的な仕組みと言えますが、会社裁量の異動を幅広く認める仕組みが慣習のみならず判例法理としても確立し、法規範として定着しているのは、世界的に見ても珍しいと言えるでしょう。

「すり合わせ」型産業で強みを発揮

メンバーシップ型雇用は、ここまで説明してきた「雇用保障」と「会社裁量の異動」ということをベースにして考えると理解がしやすくなります。

まず、労働者は解雇されないため、多くの場合は終身雇用となります。そのため、採用は主として、個人が社会に出る新卒タイミングで行うことになります。

このタイミングにおいては、従事する業務が定まらない形での採用なので、職種の定めのない一括採用が主流となります。毎年の新卒採用の繰り返しで、社内のさまざまなコンテクストを含めた仕事の進め方や人間関係の間の取り方が、先輩、同僚・後輩関係の中で一年一年積み上がり、最終的には40年以上積層した均一性の高い組織ができあがります。

このような組織においては、横移動が頻繁に行われるため、社内公平性は非常に重要になります。従事する職種によっての報酬差は許されませんし、昇格の基準、昇給の基準が違うのも不公平になるでしょう。

このため昇給、賞与、昇格については、中央で管理される明快な制度のもとで行われます。先輩・同僚・後輩関係がある中、ほとんどの社員が一生この会社で過ごすという前提もあり、構造的に厳しい評価は回避される傾向にあります。そのため、個人は自らの問題に気づくのが遅れ、不活性な中高年を作りやすくなります。

冒頭で指摘したように、このような長期勤続で均質性の高い組織は、競争上の強みにもつながりました。習熟やすり合わせが強化されることによる、品質や生産性向上の強みです。特に自動車などに代表される、膨大な取引先を扱い「すり合わせ」のモノづくりが重要な産業ではこのような強みはいかんなく発揮され、バブル期までの日本企業・日本経済を支えて、長期雇用・年功賃金・企業別組合という日本型人材マネジメントの特徴が、「三種の神器」ともてはやされるほどでした。

ジョブ型雇用への変革に向けて

メンバーシップ型雇用は、戦後の占領政策をきっかけにさかんになった組合活動と結果としての雇用保障、そして、そのバランサーとして与えられた会社の人事異動権により確立されました。戦後間もなくの萌芽・混乱期を除いても、その歴史は70年以上に及びます。

しかしこれは決して「日本古来の伝統」ではありません。ジョブベースでの人材採用や処遇決定という発想は、それ以前では普通のものでした。昨今の雇用のあり方の変革に対する議論において、「メンバーシップ型雇用には、日本独自の価値観に基づいたチームワークや品質へのこだわりという良さがあり、欧米の雇用システムの真似をしてもうまくいかない」という主張を聞くことがあります。しかし、これまでの歴史的経緯を振り返れば、決して日本にジョブ型が根づく土壌がないとは言えず、文化的な点を理由に忌避するには無理があります。

メンバーシップ型雇用では、社内競争はあるものの、社外との人材獲得競争の要素は少なく、社内公平的な配分が重視されやすくなります。他方、ジョブ型雇用はより明確に市場原理を取り入れ、個人間の競争と会社間の競争を引き出します。

エコシステム全体を変えることは、一部の人材の既得権を奪うことにつながり、これまでと異なる競争の型で勝負することになるため、容易なことではありません。しかし、デジタル化、グローバル化、少子高齢化という大きなうねりの中、自社が長期的に生き残り成長していく上でどのようなエコシステムを採用すべきかは、未来からの逆算で考えていくべきなのではないでしょうか。

過去にもあった「ジョブに応じた報酬」ブーム

ジョブ型雇用を「ジョブに応じた報酬を実現する動き」ととらえると、今回のブームは実は3回目になります。1回目はバブル崩壊後、90年代後半から始まった成果主義ブームでした。

このときは、ジョブグレードの導入を前提としつつ、企業の本音ベースでの狙いは、年功処遇で上がりすぎてしまった担当部長・課長らの降格やその後の昇格を厳しくすることによって、人件費の中長期的抑制を図ることでした。その当時、日本は米国と並んで世界で最も賃金が高い国だったので、バブル崩壊によって収益規模が小さくなる中において、高止まりした固定費としての人件費を抑制する施策は大変ニーズの高いものでした。

ただし、この施策は中長期的なコスト削減策である一方で、報酬の機軸を年功から貢献に変えようとする試みでもあり、その効果もある程度は果たすことになりました。

第2次ブームは「グローバルジョブグレードの導入」

2回目のブームは、2000年代後半以降のグローバル化に伴うグローバルジョブグレードの導入です。国内の人口減少に直面し、市場の縮小傾向が現実のものとなるに従い、日本企業のグローバル化は本格化していきました。それに伴い、日本本社と海外拠点に共通のグレードを入れることで、要員計画、タレントマネジメント、報酬マネジメントなどを行おうという動きが起こりました。

グローバル共通でグレードを入れるとなると、異なる地域間で比較可能なジョブをベースにしたグレードが主流となり、ジョブ型雇用の第２次ブームとなりました。

なお、このタイミングで初めて日本国内にジョブグレードを導入する企業もありましたが、日本国内での人事制度に関しては、１度目のブームと同じく、年功制の排除を目的に実施される傾向にありました（ただし、全体的には、コスト抑制目的は１度目と比較し小さかったように感じています）。

エコシステム全体の大変革

３回目が、２０１０年代後半から始まり、２０２０年に火が付いた今回のジョブ型雇用ブームとなります。今回のブームが１度目、２度目と違うのは、メガトレンドの影響を受けて、雇用システム全体の変革がスコープとなっていることです。

言い換えると、1度目、2度目はあくまでメンバーシップ型雇用の上にジョブグレードとジョブベースの報酬を接木したもので、雇用保障、会社主導の異動など一連の仕組み自体を変えることは想定されていませんでした。しかし、ジョブ型雇用はメンバーシップ型雇用の対比概念であり、そもそもの根本思想が異なるものです。今回の動きは、その根本思想から変えるべきではないか、というものが見られます。

なお、ここで少し付け加えますと、これまでジョブグレードを導入してこなかった企業では、今回のジョブ型雇用ブームにおいて、ジョブグレードやJDを整備することを「ジョブ型雇用」ととらえている場合があります。施策自体は各企業での必要性に基づき検討されるものであり何ら否定するものではありませんが、このことは本来の「ジョブ型雇用導入」の議論とは、やや焦点がずれているということは触れておきたいと思います。

今回の「ジョブ型雇用」導入の動きにおける最大のチャレンジは、一部のシステムの微調整ではなく、人材に関するいわばエコシステム全体の変革であるために、経営者・マネジャー・一般社員・人事部門それぞれが現状のマインドセットやケイパビリティを大きく変える必要がある点です。

本格的にメンバーシップ型雇用からジョブ型雇用への移行を実現するには、そのギャップをどのように埋めるかが大きなチャレンジです。

そこで第2章以降では、その実現に向けたくわしい方法論、アプローチについて、解説をしていきたいと思います。

第2章

ジョブ型雇用の基本形

1 メンバーシップ型と何が異なるのか

ジョブ型雇用の基本形を理解するために、メンバーシップ型雇用との違いを見てみましょう。

メンバーシップ型雇用は、長期雇用の中で人材を育成し、強いコミュニティを形成することで、さまざまな課題への対応力を備えた人材を多くそろえ、蓄積した技能・ノウハウを活かしながら、組織・機能間の連携を通じて競争優位を得ようとしている雇用の考え方です。長期雇用を前提としており、新卒から40年間に及ぶキャリアマネジメントを破綻させることなく成立させることが重要な命題となっています。

人事制度の基本となる等級、評価、報酬制度は、密接な関係を持ち、育成制度、退職金制度などとも緊密に結びついた強固かつ完成度の高いシステムとして設定され、運用されていきます。

一方、ジョブ型雇用は、全体から個別の組織に至るまで、経営、事業に必要な人材ポートフォリオの実現を追求することで、競争優位を得ようとしている雇用の考え方です。人材マネジメントの基点は、事業課題を実現するためのジョブの定義となります。そのジョブに対し、社内外から必要な人材をアサインしていきます。評価・報酬制度は、求める人材を惹きつけ、動機づけ、引き留めることに焦点を当てたシステムとして設定され、運用していくことになります。

メンバーシップ型雇用の人材マネジメントシステムは、相互のサブシステムの関係性が深く、一つを変えれば、他に影響が出やすい仕組みです。そのため人事部門はそのルールの運用において例外をできるだけ避けることが求められ、制度・ルールの守護者としての役割を担います。

ラインマネジャーは、その仕組みは所与のものとした上で、事業課題の解決に向かうことが基本的な役割となります。また、従業員は、そのシステムの中で動機づけられ、守られる代わりに、会社の人事命令を受け入れるという雇用関係が生じます。

一方、ジョブ型雇用の人材マネジメントシステムは、あくまでも、経営・事業のニーズに沿った運用が行える環境を作ることに焦点を当てることになります。そのため、人事の運用主体は、ラインマネジャーが担うことになります。

人事部門は事業側のニーズに合わせやすい仕組みを準備し、効果的かつ効率的に運用するためのサポートを行います。結果として従業員の処遇やキャリアのあり方は多様なものになり、この多様性が、個人に対するキャリア自律の必要性を高めていくことにつながるのです。

各ラインマネジャーが事業ニーズに沿った人材マネジメント運用を目指す中、時として事業側にとって過度に有利で個人にとって不利な人材マネジメント施策を打ち出すケースもありえます。しかし各個人のキャリア自律が担保・拡充されていれば、このようなときにバランスを図ることができます。

例えば、仮にある事業部門において、マネジメント側に極端に都合がよく個人にとって不利な処遇ルールを整備した場合、キャリア自律が担保・拡充していれば、自信のある人材は他部門や他社へ移っていき、部門の経営が立ち行かなくなる恐れがあります。こうした緊張関係があることで各ステークホルダー間のバランスが図られ、組織をより強くしていくことができるのです。

図表 2-1　2つのエコシステム

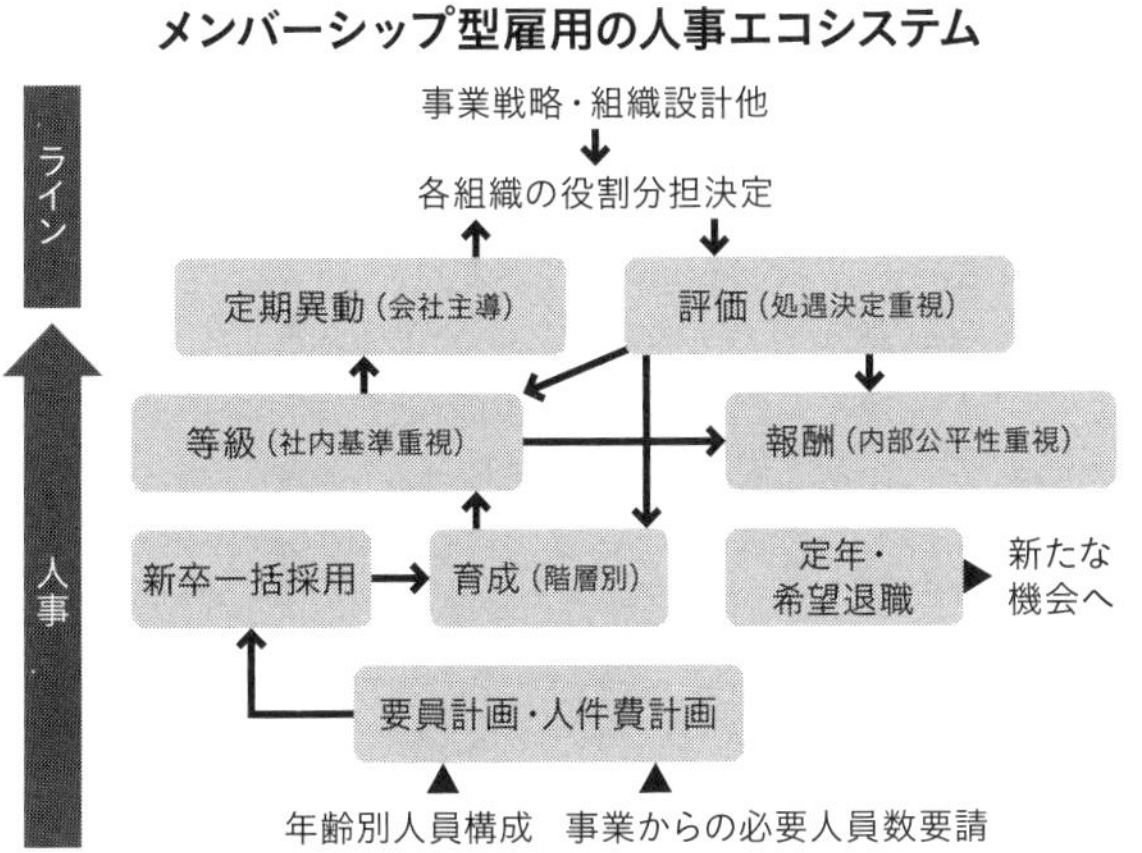

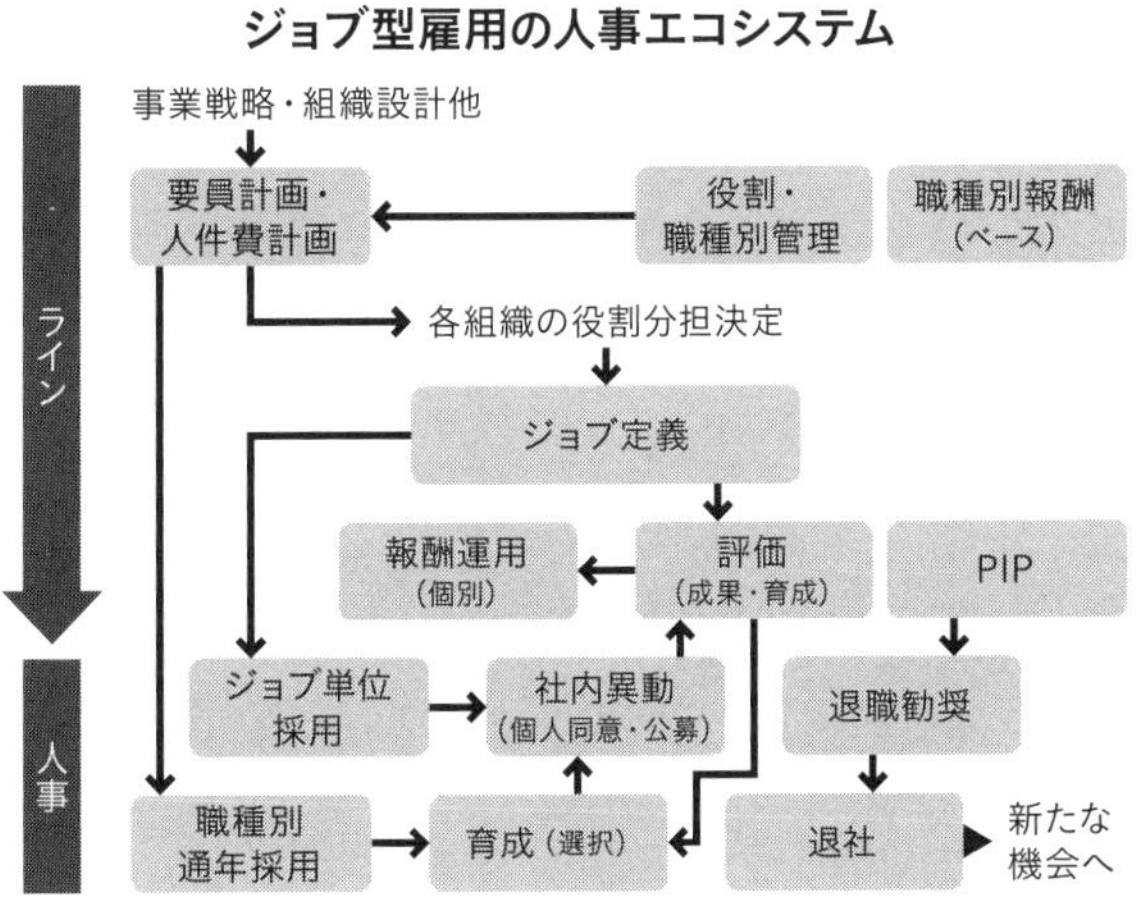

2 ジョブの明確化からすべては始まる

基点はジョブディスクリプション

個人が従事するジョブに関して、会社と合意する内容を記載するフォーマットは、「職務記述書」、ジョブディスクリプション（Job Description）などと呼ばれていますが、本書では以下、ＪＤと記載します。ＪＤはジョブ型雇用の重要なパーツです。例えば、ジョブ型雇用を徹底している、ある米国系のグローバル消費財メーカーでは、ＪＤにおいて、使命・責任範囲、期待成果、主な業務、必要な能力（コンピテンシー・専門知識・専門スキル）、必要な業務経験、学歴・資格をジョブごとに明確に定義しています。

同社において、ＪＤは採用や配置の前提となる必須要件であり、会社と個人の合意に基づく重要な取り決めとして、ジョブグレードや報酬水準の決定に使用されます。また、職種ごとに代表的なＪＤが社員に公開されており、個人に対するキャリアガイド、社内公募の選抜基準、パフォーマンス評価の参考材料、教育体系策定のベースとして活用されています。ＪＤを中心に各種人事施策が体系的に提供されているのです。個人にとっては「キャリア自律やリスキル・スキルアップ」、会社にとっては「必要な人材の確保」の基盤となっているのです。

過去、多くの日本企業はＪＤ作成にはあまり熱心ではありませんでした。ＪＤの有無はジョブ型雇用を採用している欧米企業とのわかりやすい違いであり、ＪＤを導入すればジョブ型雇用になる、と考える向きもあります。

しかし、一概にＪＤがあるからジョブ型雇用であるとは言えません。逆にＪＤが詳細に整備されていなくても、ジョブ型雇用に必要な機能とメリットが実現できているケースはあります。ＪＤの有無より、あくまでもジョブ型雇用に必要な機能、メリットが実現されているか否かがポイントなのです。

マーサーが経済産業省からの委託を受けて２０１７年に実施した調査によると、日本国内におけるほとんどの外資系企業でジョブ型雇用が活用されていますが、個別の職務ごとに詳細なＪＤを整備している企業は約半数にすぎません。有力な外資系企業でも、体系的で詳細なＪＤを作成していないケースがあります。

高品質なＪＤを作成するのには労力を要します。例えば、ＪＤに使命や主な業務を記載

図表 2-2
職務記述書の整備状況
(役割・職務をベースとする企業)

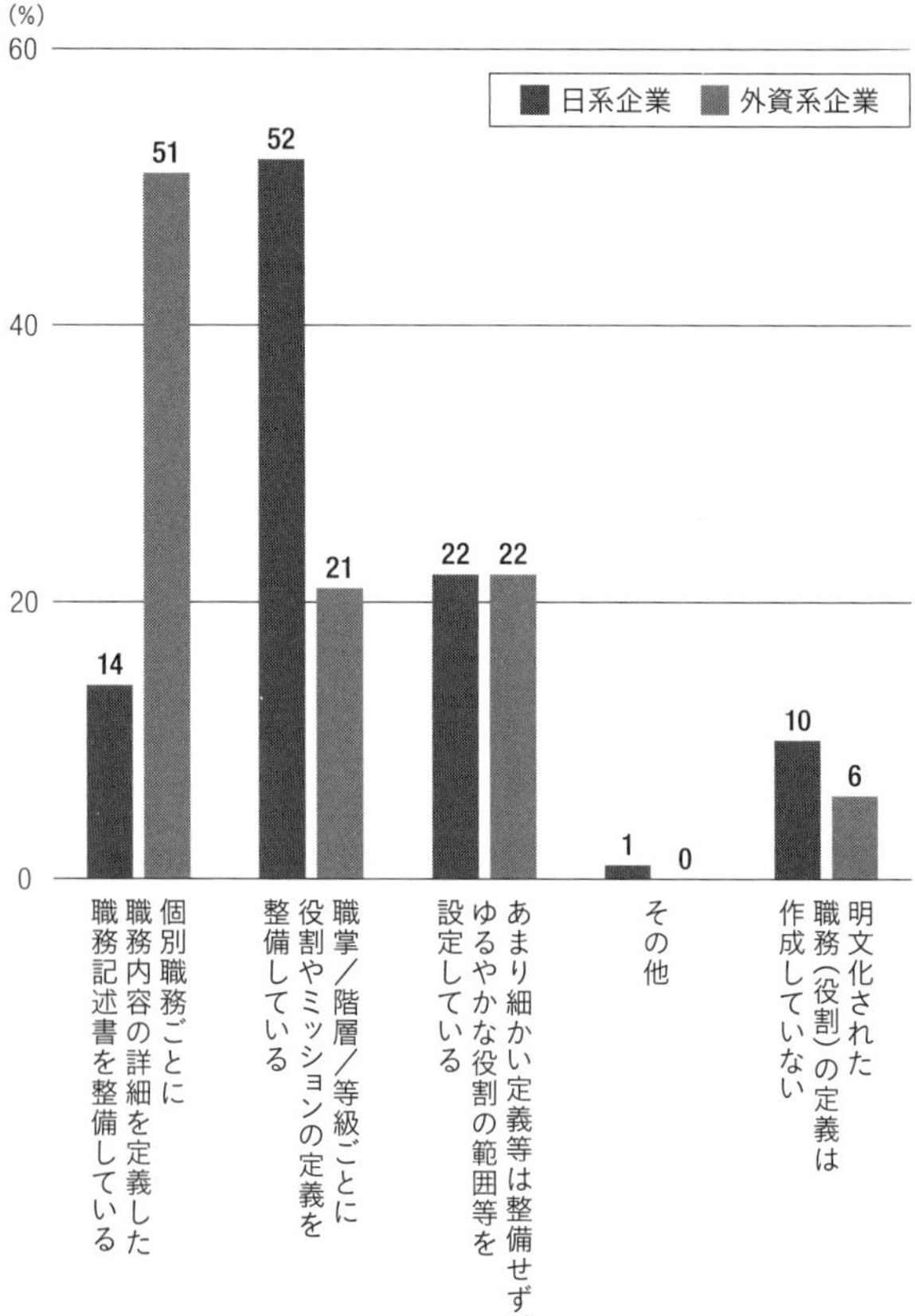

出所：経済産業省「役割・職務に基づく人材マネジメント調査」(2017)

する際、何を重視するかは、あらかじめ丁寧なガイドラインやサンプルが必要となります。具体的に書きすぎると、毎年設定している目標管理との差がなくなってしまいます。

機能によって使い分けるべき

ジョブ型雇用の人事エコシステムの基点は、ジョブの内容を明確にすることです。ジョブの明確化を図る背景として、「仕事の不明確さが個人のパフォーマンスや能力向上に悪影響を与えているので、ＪＤを作成することで改善したい」という期待をかけられている場合があります。さらには、リモートワークが進む中、「ＪＤを作成すれば、リモート環境下でもきちんと管理できる」という場合もあるでしょう。

もちろん、ＪＤ作成にはそのような効果が得られる側面はありますが、その一方でこのような期待は、やや過大評価という面もあります。第１章でも説明したように、ジョブを明確にすれば必ずしもジョブ型雇用のエッセンスがすべて実現されるということではありません。

ＪＤには、複数の機能が存在します。個人に対し、「職務を明示し、パフォーマンスマネジメントの基礎とする」ということ以外に、「採用・公募の材料」「キャリアガイド」「後継者育成（サクセション・マネジメント）の基礎」といった機能です。

社内から次世代リーダーを選抜し判断する後継者育成の基礎として活用する場合、ＪＤは職務内容だけでなく求められる経験やコンピテンシーなどに関して、極めて網羅的でくわしい内容である必要があります。しかし採用や公募といった広く人々に周知される情報として、会社の重要な情報が含まれる詳細な内容を公開することは不適切です。また、人材教育やキャリアガイドに使うためには、コンピテンシーやスキル、業務経験などはくわしく記載する必要がある一方で、職務内容に関してはそこまで詳細な情報は求められない場合もあります。

つまり、ＪＤを整備するにあたっても、それぞれの目的に応じた適切な内容、具体性のレベル感があるのです。すべてのジョブに対して詳細なＪＤを準備しようとすると、毎年の組織変更に応じて大規模なメンテナンスが必要になります。その負担に耐えられずにメンテナンスを放棄すると、体系的で詳細なＪＤの整備や維持がされず、ジョブ型雇用の基点となる情報が失われてしまうのです。

このような背景から、ジョブ型雇用の歴史が長い外資系企業においても、一部のジョブには詳細なＪＤを準備するが、大半のジョブに対して簡易なＪＤのみを使っているケース

図表 2-3　JDの記載例

ジョブディスクリプション

ポジション名：
人事部長

使命・責任範囲：
企業価値向上と事業目標達成に向けて、要員・人件費計画を含む人事中期計画の策定を行い、配下の課の業務遂行をモニタリングしながら、必要に応じて計画の見直し・調整を行う。また、人材の確保・活用に関する人材マネジメント基盤の構築・改善をリードする

期待成果：
- 事業目標達成の観点から求められる人材の質・量の明確化
- 優秀人材の確保・リテンションに関する各種施策の企画・実行

主な業務：

企画・問題解決
- 要員・人件費計画の策定と運用に関する現状問題点の把握と解決策の立案
- 経営方針・事業方針と整合した報酬政策・報酬制度の策定
- 次世代経営リーダーの選抜・育成に関するタレントマネジメントの仕組み構築

計画・管理
- 要員・人件費計画の年間運用スケジュールの策定・運用（事業サイドとの連携を含む）
- 報酬制度（給与・福利厚生）の年間業務計画の策定と、人件費、福利厚生関連の費用予算の運用管理
- 報酬制度（給与・福利厚生）に関する外部ベンダーの管理

人材・組織マネジメント
- 担当部間の役割分担、配置の決定、人事企画機能の強化
- 担当部内の人材育成（課長レベルを中心）の実施
- 担当部内のパフォーマンスマネジメント・コーチングの実施

必要な業務経験、学歴・資格：
- ビジネス・経営に関する深い理解および最低１つの事業部門内における業務経験
  海外拠点とのコミュニケーション（英語）ができることが望ましい
- 人事領域・人事企画領域における6年以上の幅広い経験
- 学士以上

が少なくありません。しかし、そのような企業でもジョブ型雇用が効果的に機能していま
す。

詳細なＪＤがすべてのジョブに対して用意されていなくても、会社と個人の関係にジョブ型雇用のメカニズムを働かせることができていれば、その機能とメリットは実現できるのです。

図表２－３には、ポジションについての基礎的な内容を含んだＪＤの記載例を掲載しています。

会社と個人の合意形成が最重要

ジョブ型雇用では、個人が担うジョブを会社と個人の双方で合意することがスタートラインになります。したがって、職種別採用で新たなジョブに就く際も本人の同意が原則となります。会社としては社内公募を中心にした異動政策をとることになります。

このような環境であれば、個人からすると「より難しいジョブ」「キャリアの幅を広げるジョブ」「報酬の高いジョブ」に、自らの意思を持って挑戦できることになります。希望がかなえられなかった場合も、それは、自らの実力の証明が足りていなかったことに原

因の多くがあることになり、自らキャリアの方向性を定めて自律的に専門能力を磨くことにつながっていきます。

個人は、より市場価値の高い人材を目指し、社内外で高い報酬を獲得する機会も得られるようになります。一方、個人のパフォーマンスが悪く、期待された役割を果たせない場合は、業績改善プログラム（ＰＩＰ）や、場合によっては退職勧奨が発生します。厳しく感じるかもしれませんが、このリスクは個人が自ら再教育やスキルアップを積極的に行い、社内外を含めたキャリアを考える動機にもなるのです。

あるグローバル企業では、個別のポジションごとのＪＤを作成する代わりに、職種とキャリアレベル（マネジャークラス、シニアマネジャークラスなどの役割の水準）のグリッド（マス目）単位で、遂行するジョブの業務領域を表現しています。このやり方でも、会社と個人は業務内容を大まかには想起することができ、遂行するジョブの合意ができます。異動は本人同意が前提なので、本人は将来どのグリッドに進みたいか検討し、再教育やスキルアップに取り組むことができます。

この例のように、個別のＪＤがなくても、やり方次第でジョブ型雇用のメカニズムは機能するのです。

体系的で詳細なＪＤの整備は、さまざまな人事施策の実現に有意義である一方で、整備・維持には多くのコストがかかります。しかし、ＪＤの整備や維持の負担を理由に、ジョブ型雇用の導入をあきらめる必要はありません。個人が担うジョブについて会社と個人の双方が合意し、各個人のキャリア自律、つまりキャリアの主体的・自律的な決定を認めることが最も重要なポイントです。ＪＤそのものはメンテナンスの負荷も考慮し、必要に応じた粒度で作成すればよいのです。

3 外部市場を意識した報酬制度へ

ジョブが違えば、報酬も異なる

ジョブ型雇用は、仕事を介した会社と個人の労働力に関する市場取引です。報酬額は、個々のジョブの重要性や難易度、需給バランスによって決まります。その結果、同期入社の新卒であっても従事するジョブが違えば報酬が異なることもあります。

最近ではデジタル関連の職種の報酬が高いことはよく知られています。他にも、グローバルな事業開発／ビジネスリーダーポジションや法務など、希少価値や専門性の高いジョブは報酬も高いことが多くなっています。

企業に競争優位をもたらす重要な人材を確保するには、労働市場における競合他社との人材獲得競争にさらされることは避けられません。

メンバーシップ型雇用の時代は、強いコミュニティを形成することで、さまざまな課題への対応力を備えた人材を多くそろえ、蓄積した技能・ノウハウを活かしながら組織・機能間の連携を強化し、その会社にしかない資産を使って付加価値を生み出せる人材をそろえてきました。そういった人材は一歩会社を出れば同じような力を発揮することは難しくなるため、結果として労働市場における人材獲得競争を抑えることができていました。

このようなモデルは、環境変化が緩慢な業界や職種では引き続き有効に機能する可能性があります。しかしながら、ビジネスの環境変化が激しくなり、新たな能力を機動的に獲得する必要性が増している状況下では、メンバーシップ型雇用の強いコミュニティが、逆に企業成長の制約条件となってきています。このような状況を打開するために、報酬マネジメントの面でも、外部労働市場を強く意識した体系づくりが必要となってくるのです。

図表 2-4
日系企業と外資系企業の報酬水準の違い

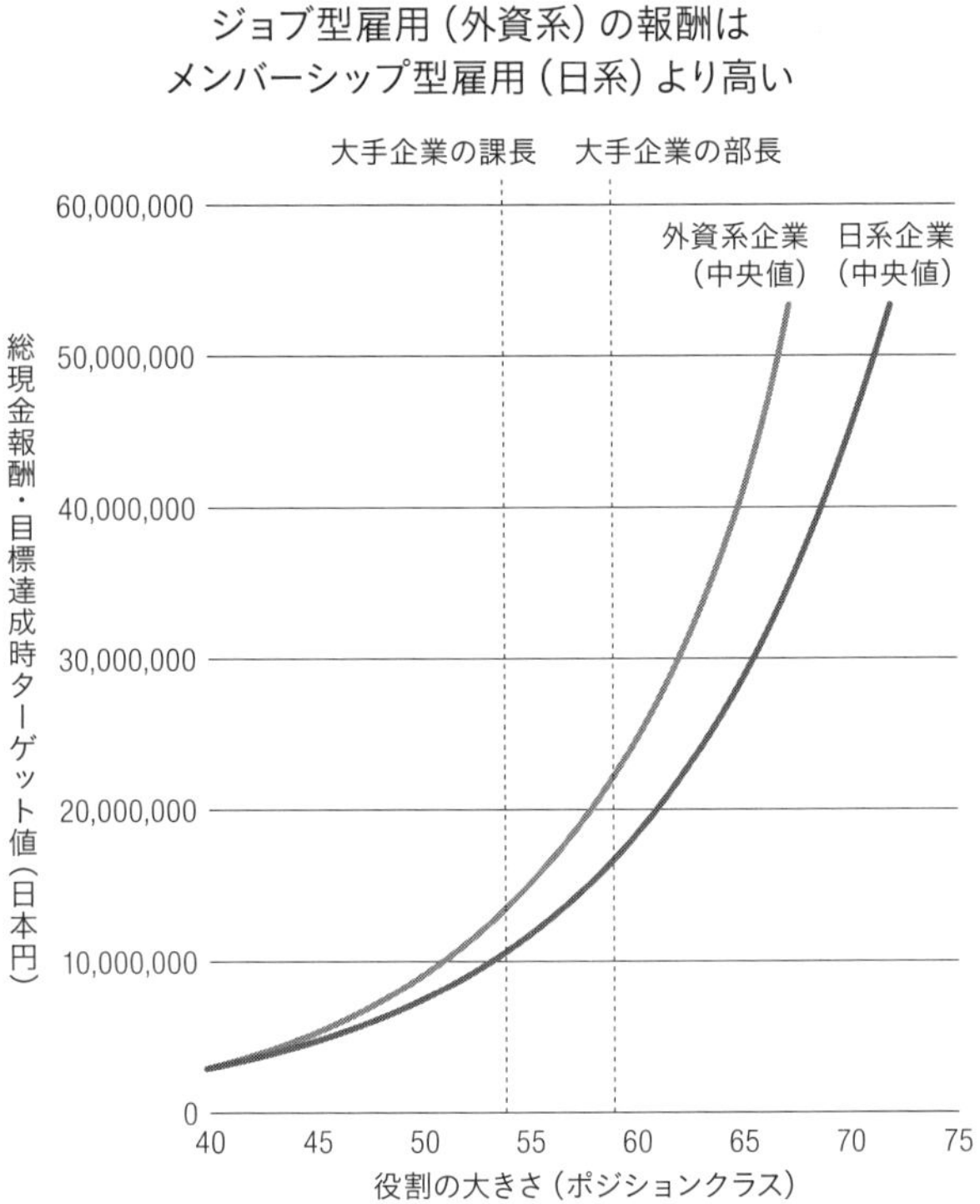

出所：Mercer Japan Total Remuneration Survey (2020)

ジョブ型雇用を採用した場合、人材の流動性を前提としないメンバーシップ型雇用と比較すると、市場メカニズムが働くジョブ型雇用では報酬水準が高めになることが多くなります。マーサーによる報酬調査でも、ジョブ型雇用を採用し人材の流動性を前提にしていることが多い外資系企業は、日本企業に比べて同じ職種でも課長クラスで２〜３割、部長クラスで３〜５割ほど報酬が高い実態が明らかになっています。

「一国二制度」を認めた事例も

ジョブ型雇用における典型的な報酬制度には二つの特徴があります。一つは、原則的には職種別に報酬が決まることです。もう一つは、きめ細かな人材の確保・リテンションやインセンティブ強化を目的として、昇給や賞与の決定権の多くが現場に委譲される点です。どちらもメンバーシップ型雇用の日本企業にとってハードルが高く、導入事例はまだ限られます。

一方で、データアナリストのようなデジタル専門人材を獲得する際など、必要性に迫られて職種別の報酬体系を採用する企業も徐々に広がりつつあります。

職種別に報酬が決まるからといって、ジョブごとに報酬額が設定される一物一価の仕組みであるわけではありません。ジョブ型雇用を基本とする米国においても、一物一価のような仕組みは少数派です。ジョブ型雇用を通じて最適な人材ポートフォリオを形成していくうえでは、ジョブを基本としながらも、人材市場の状況や個別事情を踏まえて、ある程度柔軟な報酬決定ができる仕組みが必要となるためです。

職種別に報酬が決まる制度とはどのようなものか、ある企業の事例を紹介します。

A社は事業展開するうえでグローバル人材、デジタル人材の確保を急ぐことを決断しました。同社では、それまでは伝統的な日本企業によく見られる職能資格制度を運用していました。社員の多くは新卒入社で、メンバーシップ型雇用に沿ってキャリアを積んできたため、短期的に報酬制度をジョブ型に刷新するのは難しい状況でした。

とはいえ、職能資格をベースとした年功序列的な報酬体系では、他社と取り合いになる専門性を持った人材を獲得できないことも明らかでした。そこで一国二制度、すなわちメンバーシップ型雇用とジョブ型雇用の二制度を併存させることに決めました。中途採用を中心とした一部の社員にはジョブ別の報酬を適用するようにしたのです。

具体的な仕組みは次のようなものです。報酬水準を示すガイド図として、縦軸にジョブグレード、横軸に職種のマス目を決めました。それぞれのマス目の報酬水準の目安となる

図表 2-5
固定報酬ガイド（模式図）

ジョブグレード		職種：開発	マーケティング	営業	製造	…
ディレクター		75%ile:XXXX 中位 :XXXX 25%ile:XXXX	75%ile:XXXX 中位 :XXXX 25%ile:XXXX	75%ile:XXXX 中位 :XXXX 25%ile:XXXX	75%ile:XXXX 中位 :XXXX 25%ile:XXXX	…
シニアマネジャー	エミナント	75%ile:XXXX 中位 :XXXX 25%ile:XXXX	75%ile:XXXX 中位 :XXXX 25%ile:XXXX	75%ile:XXXX 中位 :XXXX 25%ile:XXXX	75%ile:XXXX 中位 :XXXX 25%ile:XXXX	…
マネジャー	エキスパート	75%ile:XXXX 中位 :XXXX 25%ile:XXXX	75%ile:XXXX 中位 :XXXX 25%ile:XXXX	75%ile:XXXX 中位 :XXXX 25%ile:XXXX	75%ile:XXXX 中位 :XXXX 25%ile:XXXX	…
チームリーダー	スペシャリスト	75%ile:XXXX 中位 :XXXX 25%ile:XXXX	75%ile:XXXX 中位 :XXXX 25%ile:XXXX	75%ile:XXXX 中位 :XXXX 25%ile:XXXX	75%ile:XXXX 中位 :XXXX 25%ile:XXXX	…
シニアスタッフ		75%ile:XXXX 中位 :XXXX 25%ile:XXXX	75%ile:XXXX 中位 :XXXX 25%ile:XXXX	75%ile:XXXX 中位 :XXXX 25%ile:XXXX	75%ile:XXXX 中位 :XXXX 25%ile:XXXX	…
スタッフ		75%ile:XXXX 中位 :XXXX 25%ile:XXXX	75%ile:XXXX 中位 :XXXX 25%ile:XXXX	75%ile:XXXX 中位 :XXXX 25%ile:XXXX	75%ile:XXXX 中位 :XXXX 25%ile:XXXX	…
エントリースタッフ		75%ile:XXXX 中位 :XXXX 25%ile:XXXX	75%ile:XXXX 中位 :XXXX 25%ile:XXXX	75%ile:XXXX 中位 :XXXX 25%ile:XXXX	75%ile:XXXX 中位 :XXXX 25%ile:XXXX	…

＊1　職種を細分化しサブ職種を設定することがある
＊2　ジョブグレード、職種、サブ職種を定義することで、
　　簡易的JDまたはJDの代わりとすることがある

金額の範囲を、社外の労働市場を参照して規定しました。

例えば、データアナリストのマネジャークラスの報酬水準を定義するとします。労働市場データから該当するジョブの中位値に加えて、75％タイル（母集団を100人と想定した場合の上から25番目）と25％タイル（同じく下から25番目）の報酬額を抽出します。つまり市場価値の「中央値」と「高めの目安」「低めの目安」を把握しておき、報酬水準のガイドラインとするのです。

次に昇給、賞与といった報酬改定はどのように決めるのでしょうか。これがジョブ型雇用における2つ目の特徴である、決定権の現場委譲につながります。

報酬の決定権は現場に

日本企業でなじみのあるメンバーシップ型雇用では、上司は評価や昇格・昇進のみを推薦または決定して、人事部門が給与制度に基づいて昇給や賞与を決めます。この方法は、長期雇用を前提としたコミュニティを維持していくためには不可欠な要素です。部門を超えた報酬水準の公平性を保ちやすいためです。

この結果、特にキャリアの前半では同年代で大きな差がつきにくいものとなります。約

40年にわたる先輩・同僚・後輩の関係があり、社内公平性が重視される中では合理的な仕組みと言えます。

しかし、ジョブ型雇用では状況が変わってきます。市場で人材を取り合っていることが前提となるので、考えるべき要素が増えるためです。その人がどのようなジョブを担って成果をあげるのか。現在の報酬は市場価値に対してどの程度に位置づけられるか。転職などによる離職リスク、辞められたときの代替可能性、離職・採用・教育に伴うコストなどを総合的に判断して報酬を決める必要があります。

そうなると、本人のパフォーマンスや離職リスク、職種別の市場価値や人材の代替可能性などを最も細かく把握できる現場マネジャーが報酬を決めることが合理的になってきます。もちろん、報酬を無制限に高くはできないため、報酬総額の決定や各部署への配分、ガイドラインの提供は人事部門が担いますが、その枠内で現場が昇給や賞与を決定できるようにすることが必要となります。

ここまで説明すると、ジョブ型雇用に移行するには、報酬制度だけ変えても機能しないことがおわかりいただけるでしょう。職種別に採用して処遇も異なるとなれば、キャリア形成は個人主導に変わらざるを得ません。いままでの内部公平的な秩序が崩れ、上司は部下の報酬をくわしく把握し、検討する必要性が生じます。

実はこれまで、マネジャーも部下のくわしい報酬を知らないケースがほとんどで、こういった情報開示やコミュニケーションに抵抗を感じる日本のビジネスパーソンは多いでしょう。しかし、現場への権限委譲や報酬額の情報公開に手をつけないと、外部競争力のある採用や人材確保は難しいこともまた事実です。この点で躊躇していると、いつまでも戦略に必要な人的資源の確保に向けて、現場が主体的に関与する組織への転換は図れません。

現場を「牽制」するための仕組み

ジョブ型雇用における報酬決定を現場に委ねた場合、人件費が無尽蔵に膨張するのではないかという懸念を持つ方は多いでしょう。確かに、何の制約もなければ、マネジャーは必要な人材を業務のピークに備えて余剰に確保したり、人材の動機づけやリテンションのために報酬をどんどん引き上げていく、ということが起こりかねません。

この問題に対して、メンバーシップ型雇用は、等級・評価・報酬制度の確立されたルールと管理によって牽制をしてきました。人事部門が管理する昇格審査、厳密に適用される評価分布、詳細な報酬テーブルなどがその代表的な例です。

そうしたルールによる牽制に慣れてきた組織は、ジョブ型雇用においても、同様に管理することを目指す場合があります。しかし、あまりにも人事部門が厳格に管理してしまうと、良い結果を生まないことが予想されます。

組織の成果管理による牽制を行ったB社

ジョブ型雇用において、「現場のジョブ（人員）の増加や報酬単価引き上げ要求」への牽制に用いられるのは「組織の成果管理」です。一例として、ジョブ型雇用が採用されているB社のケースを紹介します。

B社のマネジャーは、まず、期初の計画段階で翌年度の採用計画、採用に必要なコスト計画、部下の昇給・賞与に関する決定について、上司である部門長と確認することが求められます。その際、人件費増加につながる決定に対して、同時に「その人件費増加に見合う、組織としての成果」を明確にしなければならないのです。

この交渉にこそ、ジョブ型雇用の重要な要素が込められています。ジョブ型雇用下のマネジャーにとって、部下の昇給・賞与原資の獲得は部下からの支持と信望を得るうえで極めて重要なためです。

この交渉の中でコミットした組織としての成果は、期末に厳しく問われ、翌年の昇給・賞与、ジョブの数など人件費を決める交渉に強く影響を与えます。組織としての成果を超過達成すれば、十分な昇給・賞与原資が与えられ、ジョブの数も増やし、新たな仲間を迎え入れることができます。

一方で、組織の成果が達成できなければ、収益改善のためジョブの数を減らすことが求められる場合もあります。このやりとりの中で、マネジャーは、自身の組織が生み出せる成果の可能性と人件費総額のバランスに心を配るようになり、そのギリギリのラインを考え抜くようになるのです。この結果、ジョブ型雇用下のマネジャーは、組織を維持・成長させ続けることをおのずと意識するようになっていきます。

この牽制メカニズムを有効かつ有機的に機能するように構築し運用することが、人事部門にとっての重要な役割となります。外資系企業においては、人事機能が財務部門の傘下に存在することもあり、そうでないケースでも要員管理・報酬管理の面では人事部門長と財務部門長が密接に連携をすることが通例です。これは人事管理がファイナンス面のコントロールと密接に関連していることを意味しています。

ジョブ型雇用の本来の目的である、「事業に最適な人材のポートフォリオ構築」に向けては、職種別の報酬、昇給・賞与決定の権限委譲といった人事機能の幅広い変革が求められます。この変革は従来の社風や制度と相いれない部分も多いでしょう。何より経営陣、マネジャーや社員個人の意識改革、個人のキャリア構築や能力開発のあり方が問われてくるからです。

日本ではA社のように「一国二制度」を採用している企業が多いのも事実です。ただ、ジョブ型とメンバーシップ型の二制度を並行して運用することは、複雑な状況を招き、現場にいろいろな面での負荷をかけることになります。本書でご紹介したA社でも、長期的には会社全体としてメンバーシップ型からジョブ型雇用に移るべきだという議論があることとは、付け加えておきます。

4 現場の権限と責任が強まる評価制度

エコシステムによって異なる評価の位置づけ

昨今、評価分布を強制しないノーレーティング（No Rating）という考え方や、個人の目標とその達成のみを管理するのではなく、過程におけるメンバーとの対話を重視するOKR（Objectives and Key Results）などの手法が注目を浴びています。グーグルやネットフリックスなどのIT大手が導入したことを契機に数年前から世界的に流行し、日本でもテック系ベンチャー企業などで積極的に導入する会社が増えています。

しかしながら、メンバーシップ型雇用を採用している日本企業では、そうした手法の採用に二の足を踏むことは少なくありません。また、必ずしも導入をお勧めできる状況でもありません。それは、単に考え方を変えられないといった問題ではなく、メンバーシップ型雇用とノーレーティングという考え方が、エコシステムとして整合しづらいためです。

メンバーシップ型雇用における評価制度は、報酬制度の説明でも述べましたが、組織全体としての公正さを担保するためのルールがきめ細かく設定されています。評価の品質を高めるために詳細に作られた評価指標、人件費配分を制御するための厳格に管理された評価分布管理と相対調整、評価標語を巡る個人、一次評価者、二次評価者、人事部門の間での交渉が典型的なものです。中には、目標設定において、現場の上司が本来与えたい目標ではなく、メンバーシップ型雇用下で定められている等級ごとの難易度に沿った目標を設定しなくてはならず、主客（主：事業目標、客：人事制度）転倒なことを要求することもあります。

メンバーシップ型雇用においては、人事制度運用における公正さを担保するための最も重要な鍵が、評価制度とその運用です。日本企業は、マネジャーの評価者としての能力を高めるために多くの研修などの投資を実施してきました。人事制度を運用する中で生じる問題の原因をたどっていくと、その多くが評価制度の場面に集約されるためです。

これに対して、ジョブ型雇用では、評価の精度アップに労力を集中させるというアプローチは、必ずしも正解とは言えません。ジョブ型雇用では会社が各ジョブへの期待をあらかじめ明確化し、そのジョブに対して個人を採用・配置することが出発点となります。

具体的には、ＪＤの内容について会社と本人が合意し、ポジションごとに外部市場水準

図表 2-6
評価制度のトレンド

	これまで	今後
評価の目的	報酬決定	人材開発
評価制度の概要	過去の成果・行動をきめ細かく評価	将来の成長に向け、上司と頻繁にコミュニケーション
評価の手法例	● MBO（成果評価） ● コンピテンシー（行動評価） ● 分布管理・相対評価	● ノーレーティング ● OKR ● ピア・フィードバック

と比較して妥当だと判断された報酬水準が設定され、そのうえで組織の成果に基づいた毎年の昇給・賞与配分がなされていきます。もちろん業務遂行にあたって高い成果や適切な行動が求められますが、報酬決定においては個人評価以外にさまざまな要素が存在します。

この結果、ジョブ型雇用の評価制度は、個々人の報酬や昇格を決定するための厳しいルールではなく、各現場における社員の動機づけ、成長やエンゲージメント向上にフォーカスを当てたものになるのです。

精緻さよりも、育成・フィードバックを重視する

ジョブ型雇用下では通常、評価は過度な精緻さを追求せず、育成やフィードバックが重視されます。評価段階を設定しないノーレーティングや3段階程度しかないシンプルな仕組みが採用されやすくなり、評価結果の報酬水準への反映についても、緩やかなガイドラインにとどめるケースが増えてきます。報酬ガイドライン自体を細かく用意することもありますが、その場合も厳しい規制はありません。あくまでも、報酬に関する個別ニーズの充足、本人へのフィードバックのしやすさを中心に置いた対応を行うのです。

もちろん、評価にあたっては、会社としての一貫性を持たせるために、組織から割り当てられた個人の成果の達成度、および会社として期待するコンピテンシーを適切に設定し評価することなどが行われます。しかしながら、組織横断的に客観性や公平性を担保する必要性は低下するため、例えば実現した成果は明確に確認する一方、コンピテンシーについては、成長度合いに着目したフィードバックに集中しても問題がないように構築していくことになります。

これらの仕組みの運用にあたっても、先ほど解説したような昇給・賞与原資決定プロセスが機能します。組織全体の成果、目標達成状況を定期的にモニタリングされる中で、マネジャーは、現在の状況下では昇給・賞与原資が潤沢に獲得できるのか、かなり厳しい状況に陥るのかをある程度は判断できるようになります。

現場マネジャーに覚悟を迫る

仮に組織全体の成果が厳しく、所属する各個人への評価もある程度厳格に行っていなければ、評価と配分のバランスが崩れ、マネジメントしづらい状況が生まれてしまいます。メンバーシップ型雇用下では、マネジャーは評価分布規制を管理する人事部門や仕組みのせいにして説明責任から逃れることができましたが、ジョブ型雇用が適切に運用されている世界では、その権限の多くをマネジャーが有していることを部下も知っているため、逃げ切ることができなくなるのです。

マネジャーにとってはしんどい仕組みとも言えますが、このことはジョブ型雇用を採用する重要なメリットの一つです。メンバーシップ型雇用下の評価制度でマネジャーにかかっていた制約を取り除き、評価を通じて上司と部下が向き合い、部下を成長させる対話の質を高めていく環境を作り出すことができるのです。

ここまでくると、読者の中には、これは理想論にすぎず、マネジャーの能力が追いつくかどうかはなはだ疑問、という感想を持つ方もいるかもしれません。筆者が、ジョブ型雇用を採用するべきかどうか、企業トップと議論をしていた際にも、「当社のマネジャー陣に、その覚悟を求めることはできるのか」という一言を聞いたことがあります。

メンバーシップ型雇用に慣れ親しんだ人は、評価を単なるスキルセットの問題ととらえることが多いのですが、企業トップは、権限を持つ者にかかる責任・義務という重圧を一人称で受け止めることの大変さを実感しています。その実感から出される「覚悟」という言葉には、評価だけを決めてあとはルール任せ、というスタンスとはまったく異なる重みがあります。

　ジョブ型雇用を採用している企業のマネジャーは、一年一年をしのげばよい、という発想には立てなくなります。組織を成長させ続けることが、組織のメンバーにより多くの機会を提供する重要な方策であることを認識すれば、環境変化に対しても何とかするための手立てを先んじて講じることに意識が向かいます。結果、環境変化に対して機敏に前向きに対応し、数年先を見た手立てを打ち続けるリーダーとして組織を運営することになるのです。

　ジョブ型雇用というと、ともすると人材流動性が高くなり組織へのコミットメントが薄れる、と考える向きもあるかもしれませんが、正しく導入された場合、むしろ現場への権限委譲によってマネジャーの組織へのコミットメントを強化することにもつながります。

5 採用・配置・育成の仕組みが変わる

優秀な人材を惹きつけるジョブ型企業

ジョブ型雇用においては、一物一価ではないものの、ジョブ別・個人別に、外部市場での水準を踏まえた格差が設けられることが一般的です。このことは人事制度のみならず、採用や配置といった点にも大きな影響を与えます。マネジャーや個人に異動・配置決定に対する裁量権がないにもかかわらず、ジョブによって報酬格差が生じる仕組みを導入してしまうと、組織内に不公平感を招くことになります。

メンバーシップ型雇用下の日本企業では、多くの場合で新卒入社から10年間ほどは、入社同期の間で報酬に大きな差は生じないようにコントロールされ、その期間中は、個人の処遇条件を意識することなく部門間・職種横断の異動がやりやすいというメリットがあります。そのメリットを日本企業はこれまで最大限、活かしてきました。

新卒一括採用では、多くの場合、内定時点では入社時の配属先や担当業務は未定です。

最近は事前に配属先を決めたうえで採用をするケースや、内定後にすり合わせをする企業も増えてきましたが、その場合でもずっとその部署に配属されるとは限らないことが一般的です。

異動の際も同様です。通常、日本企業における異動は会社が決定します。また、そうして築き上げられていく、同期や先輩・後輩という人的ネットワークは、企業内に横糸として張り巡らされ、そのネットワークもまた組織内のさまざまな問題解決に有効に機能してきました。

しかしながら、昨今の有力大学の学生における就職先人気ランキングを見ると、人気上位の中でメンバーシップ型雇用を採用している企業は大手商社や金融の一部などの超優良企業に限られています。これに対し、若いうちから専門性を身につけることができ、本人の意に反した異動がない、ジョブ型雇用の仕組みを取り入れたプロフェッショナルサービス企業の人気が圧倒的に高くなっています。

これまで長年にわたって日本企業の競争力の源泉であったメンバーシップ型雇用ですが、若い世代にとっては長期のコミットにおけるリスクに対してリターンが見合わないとドライに評価してきている兆候ではないかと思います。

「良質の人材と資金を引き寄せることができなければ、企業は永続できない。産業全体として見ても、その衰退の最初の兆候は、有能でやる気のある人材に訴えるものを失うことである」というドラッカーの言葉を借りるまでもなく、企業が永続し繁栄するには、優れた人材、とりわけ将来ある若くてポテンシャルが高い人材を惹きつけ続けることが重要です。長期的な視点はこれまで日本企業の強みとされてきましたが、環境変化の激しいこれからの時代における長期的な繁栄を実現するために、どのような雇用システムを採用すればよいのか、ゼロベースで考え直していくべきではないでしょうか。

原則は「キャリア自律」

これまで解説してきたように、ジョブ型雇用下での採用・配置・育成の原則は「キャリア自律」であり、企業と個人の関係は一種の労働力の市場取引となります。各個人は社内だけでなく、社外を含めて将来のキャリアを考えることが一般的です。

その前提に基づき、自分の将来や先々の収入に影響を与える「どのような仕事に就くか」は原則として個人自ら判断するように求めていくことになります。自らのキャリア自律がなければ、外部の労働市場を含めたキャリアを積み上げていくことは難しくなるのです。

このような仕組みのもとでは、採用では中途だけでなく新卒から事業別・職種別が主流になり、異動や配置は会社と本人の合意が原則になってきます。社内の人材再配置の際には、社内公募も積極的に活用することになります。

このような仕組みは、会社主導のローテーションに慣れた企業にとっては非常に面倒に思えるかもしれませんが、会社側にとっても重要なメリットがあります。日本企業に多いメンバーシップ型雇用で問題になる、士気が下がったいわゆるぶら下がりの中高年層を減らす効果です。

この点については第5章でもくわしく解説しますが、メンバーシップ型雇用において士気が下がった中高年層が発生する背景には、会社側が異動やキャリアを決め、個人のスキルアップやリスキルの意欲をそぎがちという点があります。結果として、時代の変化に適応して活躍し続けるという継続的な努力が行われにくく、不活性な中高年が増えていくのです。早い段階からキャリアを自らの責任で構築することを促すことで、このような中高年層の発生を少なくすることができます。

キャリア自律を促進する環境の整備

社員個人が自らキャリアを考えてスキルアップやリスキルの努力をするには、会社はできるだけ個人に希望するキャリアに挑戦する権利を提供しなくてはなりません。そのために重要な要素が、ジョブに関する情報提供です。例えば空きポストについては公募の機会をできるだけ、かつ、速やかに用意する、といった仕組みが必要となります。

自律的なキャリアを促進するためには、職種別の採用や本人同意に基づく人事異動が非常に重要な施策になります。ベンチャー企業など社員一人ひとりの顔が見える場合はトップや人事部門の個別対応で何とかなりますが、従業員が数千人以上の大組織で円滑な運用を実現するには、情報システムの充実は欠かせません。

ここでは、一例としてジョブ型雇用に移行しようとしている日本企業C社の事例を解説します。

C社は日本を代表する大手製造業グループの中核企業で、制御機器やソフトウエアの開発・製造を主たる業務としていました。最先端のデジタル制御やプログラミングに関して非常に高い組織能力が求められ、さまざまなタイプのエンジニアの確保と育成が急務となっています。

C社は外部競争力を高めるため、採用は新卒・中途を問わずすべて職種別であり、報酬水準も職種別にきめ細かく設定しています。職種の大区分は企画・事務、技術開発、製造、営業の大きく4つですが、それぞれに7～20程度の小区分が設定されています。

採用は小区分ごとに進めており、小区分の職種をまたぐ異動には本人の同意が必要です。空きポストが発生すると原則として社内公募と外部採用の両方を実施し、社内外問わずにあらゆる候補者から適任者を選ぶ仕組みになっています。社内公募の結果として昇格することもあり、個人が従事したいジョブにチャレンジする機会もあります。個々の社員はそうしたチャンスに向けてオンライン教育などを活用しながら、自らのスキルアップとキャリア形成に積極的です。

ジョブ型雇用と聞くと真っ先に思いつくのはＪＤの作成やジョブ別の報酬水準設定などかもしれませんが、それだけでは自社の人材競争力は向上しません。ジョブ型雇用を人材競争力につなげていくには、採用や異動を含めた全体のエコシステムを再設計し、個々人に自律的なキャリアを促していくこと、人事部門やラインマネジャー、経営陣の発想もジョブ型に即したものにシフトしていくことが重要なのです。

リーダーは早期に選抜して育成する

これまでキャリア自律を促進するメリットを中心に解説をしてきましたが、その反面、個人の意思を尊重した採用・配置政策には２つの問題が発生します。一つはゼネラルマネジャーが育ちにくいことです。ジョブ型の場合、個人が特定のジョブ・専門性にキャリアの初期段階からコミットするため、専門的なキャリア志向が一般的となるためです。

このような中で自社に必要な経営人材候補を確保するには、人材登用に向けた早期選抜育成・サクセションマネジメントの充実が非常に大事になります。リーダーとして重要ポストに就く可能性がある人材を若い頃から選抜し、大組織のゼネラルマネジャーに求められる有用な経験を与えるのです。組織のゼネラルマネジメント経験や複数の重要事業／地域における経験を積めるように、早くから計画的に配置と育成をしていく必要があります。

ここで、認識を新たにする必要があるのは、ゼネラルマネジャーとは、単なる複数部署へのゼネラルローテーションを通じた「複数の部門にまたがる知識・経験を持つ人材」ではなく、「一つの独立した事業体を束ねるリーダー」を意味しているということです。リーダー候補の人材には、早期からリーダーとしての経験を積ませていくことが重要です。

メンバーシップ型雇用の世界では、多くの企業は社内人材に対して公平に横異動を与えるようなゼネラルな経験を積ませつつ、その中で光る要素がある人材を選抜するという育成方法をとっていました。しかしジョブ型雇用では、早い段階から人材を選抜し、上位ポジションを担いうるかを試される機会が与えられることになります。

また、その機会を与えるタイミングについて、年齢や入社年次を過度に考慮する必要はありません。事業別・職種別採用が一般化しキャリアの個別性が高まれば、同期や先輩・後輩との比較にあまり意味がなくなるためです。このため抜擢人事を行ったとしても、従来のようなコミュニティ内の嫉妬による圧力は薄まります。ジョブ型雇用下では、リーダーの素質があると思われる人材には早期選抜育成を通じて積極的に機会を与えやすいと言えるでしょう。

メンバーシップ型雇用下では、第一選抜、第二選抜といった仕組みで時間をかけて将来の幹部候補を選抜していましたが、その中で選に漏れた人材群のモチベーション低下が問題となりました。ジョブ型雇用の世界でも、もちろん感情的には解決しない部分もあるかもしれませんが、多くの個人が専門性を重視したキャリアを目指す中では、問題になりにくいと言えるでしょう。

もう一つの問題は、ローパフォーマー対策です。従来、日本企業ではパフォーマンスが低い社員にも相応の業務を人事異動で何とか見つけて雇用を続ける、というスタイルが通常でした。個人のキャリア形成において、新卒採用の段階から、会社が責任を負ってきているため、パフォーマンスが低くなったとしても、会社として雇用を維持する責任が生じてしまうためです。

一方、ジョブ型雇用の場合は、会社主導のローテーションを原則としないため、個人がジョブの期待値を満たせない場合、ＰＩＰ（業績改善プログラム）を実施することが一般的です。

組織の新陳代謝に向けた取り組み

事業に必要な人材ポートフォリオを実現していくためには、ジョブを遂行するうえで求められる能力が充足できていない、能力・業績面での期待の未達が続くメンバーに対しては、残念ですがその組織からの卒業、すなわち退出を求めざるを得ない場面が出てきます。そこで、ＰＩＰの実施が求められますし、ＰＩＰプロセスを通じた改善や他のジョブへの異動が成功しなかった場合には、退職勧奨などの措置も必要になります。

ＰＩＰとは、業績・能力・行動に課題がある社員に対する「業績改善プログラム」であり、上司と対象者との間で業績や能力、行動面に関する課題と改善に向けたアクションプランを具体的に決めたうえで、定期的なモニタリングとフィードバックを継続するという取り組みです。一定期間を過ぎた後、十分な改善が見られる場合はＰＩＰを卒業、改善が見られるものの不十分な場合はＰＩＰを継続し、改善が難しいと判断される場合は降格や退職勧奨、配置転換といった措置を実施することになります。

このような措置は言うまでもなく本人や周囲にとって大きな負担となりますので、できるだけ回避されることが望ましいでしょう。そのためには、適性やポテンシャルを見た慎重な採用や育成が重要です。

その一方で、さまざまな従業員を抱える大きな組織でＰＩＰ対象者をゼロにするということも非現実的な目標です。できるだけ対象者を減らす努力をしつつ、マネジャーや人事部門が、必要に応じてＰＩＰを実施できるような知識、経験をきちんと積んで準備しておくことが求められます。

事例①
野村證券
――役割・市場に基づく職務給の導入

野村證券株式会社　基本情報
業種：金融
売上：１兆９５２５億円（グループ連結／２０２０年３月期）
従業員：２万６６２９名（グループ連結／２０２０年３月）

人事制度改革の概要と背景

野村證券は、２０２０年４月に新たな人事制度を導入し、管理職については職務給制度を導入しました。同社のこれまでの人事制度の経緯を振り返ると、２００８年に一つの契機があります。

同社は米リーマン・ブラザーズとの統合を契機に、人事制度を大きく見直し、能力や実績に基づく人材登用やグローバルリーダーの多国籍化を推進してきました。職能基準の総合職のほかに、原則としてその分野での高い専門性を持ったスペシャリストを想定した総合職を設定し、入社時点から給与水準が異なる体系としたのもその一環です。

また、人材の異動・配置に関しては、従来から部門内異動が中心となっており、特に30代以降は8割程度の社員が部門内でキャリアを積むなど、部門横断的な異動が通常であるメンバーシップ型雇用とは異なる形で異動・配置が行われていました。このように、2020年度の改革に先立ち、職種別報酬を採用する下地がすでに存在していたことは理解しておく必要があるでしょう。

今回の人事制度改革の背景には、昨今、社員の働き方の多様化が進むとともに、デジタル・イノベーションの進展などにより、従来の金融業界の枠組みではとらえきれない経営環境の変化が生じていることが挙げられます。このような変化の中、今後も有能で意欲ある人材に選ばれる会社であり続けるために、働き方やキャリア選択の機会を幅広く提供するとともに、社員の活躍の場を広げ、多様な能力や経験を持つ人材がチャレンジしやすい仕組み作りがこれまで以上に必要と判断し、新たな人事制度の導入に至りました。

具体的には、複数の異なる総合職を新職種（新しい「総合職」）に統合し、年齢や在籍年数に関係なく各人の職責や業績をより適切に処遇に反映する体系としています。あわせて、退職金制度の中心を確定給付企業年金（ＤＢ）から確定拠出年金（ＤＣ）に移行し、社員の資本市場の担い手としての意識を高めるとともに、転職時の年金関連手続きを容易にし、中途採用への応募にあたっての負担感を軽減しました。

職務をベースとした等級・報酬制度の設計

今般の人事制度の見直しでは、まず改革のターゲットを全部門の管理職階層と定め、典型的・特徴的な部署を抽出し、対象となるジョブの役割を評価することからスタートしました。

役割の評価にあたっては、マーサーのＩＰＥ（International Position Evaluation：各ジョブの役割の大きさを評価するツール）を使用し、役割評価対象ポジションの現任者の上長へのインタビューに基づき、約４００のベンチマークポジションの役割評価を実施しました。その他のポジションについては、ベンチマークポジションの評価結果をもとに、合計約４０００ポジションの役割評価を行いました。

この役割評価に基づいて職務給バンドを設定し、ジョブの役割の大きさを反映した職務給水準を定めています。職務給バンドの設定に際しては、ホールセール／コーポレート部門では6段階の水準を設定、リテール部門においてはさらに水準を細分化しています。ターゲットとなる職務給水準については、職務給バンドごとに、それぞれの部門が意識する外部人材市場との競合状況を踏まえて設定しています。

この結果、年齢や在籍年数に関係なく、各人の職責や業績をより適切に処遇に反映する体系となっています。

事業上の競合や人材の流動性が部門によっても異なる状況において、ターゲットとなる職務給水準をどこに設定すべきかが設計のポイントとなりました。さらに、ターゲットなる職務給水準を起点に、部門ごとに職務の違いを反映して一定の幅（バンド）を設計しました。

制度導入による影響

冒頭で述べたように、従来から職務・部門ごとにキャリアパスが比較的明確に分かれていたこと、また、職務給が管理職以上の適用になっていることから、検討開始から導入まで長い期間を要さず、円滑に導入を実現しています。

他方で、例えば社員が同じ役割を続けている場合は同じ職務バンドにとどまることになり、給与は上がらない、または上がっても小幅にとどまることになります。これについては、制度的には業績を反映した賞与を維持することで担保をしつつ、個人の役割に応じた報酬によって、多様な人材がチャレンジしやすい仕組みにするという目的・ロジックを社内にていねいに伝えていきました。

また、実際の役割を評価して新たにポジションの評価を行ったため、職務給が上がる人も下がる人も生じることになりました。後者に対しては、激変緩和措置としての経過措置を設けたうえ、ていねいなコミュニケーションをとることにより、当初の想定以上に円滑な社内理解が進んだということです。今回の制度改定は人件費の総原資は変わらない中で配分を変えるというポリシーで実施されたこと、綿密な役割評価プロセスを通じて、年齢や在籍年数にかかわらず現在担っている役割を適切に評価していったことが、社員の納得感の醸成につながったといいます。

まとめ

同社の人事制度においては、社内での役割に基づいた公平な処遇を行うとともに、職務ごとに外部市場の水準を意識した職務給決定が実現されています。これは社員のみならず人事部門の意識も変えることにつながり、より外部競争力を意識した人材管理、組織マネジメントの徹底にも寄与しているようです。制度導入から間もないですが、長期的に、多様な人材、優秀人材の確保や定着につながっていくことが期待されます。

第3章

経営戦略とのかかわり

1　経営戦略に沿った人事の仕組みとは

経営資源としての「人材」

第1章および第2章では、主にジョブ型雇用が注目されるようになった背景やその概要について見てきました。本章では「経営者の観点から、ジョブ型雇用の自社への適用をどのように考えるべきか、それが企業経営・競争優位にもたらす意味合いは何か」という点について、さらにくわしく解説をしていきたいと思います。

メンバーシップ型雇用にしてもジョブ型雇用にしても、その前提には、雇用をする側の組織が存在します（雇用者である組織には、営利・非営利などさまざまな形態が存在しますが、ここでは話をわかりやすくするため、営利目的の民間企業に限定して説明していきます）。では、企業がなぜ人材を雇用するのかと言えば、共通目標の実現を一緒に目指す仲間を集めるためであり、企業経営に必要な人材を経営資源として確保するためです。

当たり前のことですが、企業がどのような雇用の仕組みを採用していたとしても、その仕組みが目標達成の観点から非効率であれば改善が必要ですし、企業が達成したい目標（すなわち、ビジョン、戦略）によっては有効な仕組みも変わってくることが通常です。

本章では人材を企業が調達・活用する経営資源としてとらえ（いわゆる、ヒト・モノ・カネのヒト）、企業の経営戦略と人的経営資源の関係性という観点から、ジョブ型雇用が企業経営にもたらす意味合いを考えていきたいと思います。

いまいる戦力で戦うか、そのつど必要な戦力を集めるか

これまで見てきたように、メンバーシップ型雇用とは、企業が長期の雇用保障を前提に、その対価として従業員に無限定な働き方（配置、転勤など）を求める雇用契約のことを指し、ジョブ型雇用とは、従業員は特定のジョブの履行を、企業はジョブに見合った対価を支払うことを約束する雇用契約のことを指します。

両者の前提の違いを端的に言い表すなら、「長期にわたって有効な1回の合意×働き方を限定しない」メンバーシップ型雇用と、「短期間有効な合意を繰り返す×1回当たりの合意ではジョブを限定する」ジョブ型雇用と言ってよいでしょう。

前者の典型的な人材の「入」と「出」のプロセスは新卒入社と定年退職であり、一度企

業に雇用されると、数十年間はその企業の人的経営資源として定着し、働き続ける（企業の立場からすれば、活用し続ける）構図になります（クローズド・コミュニティ）。

対して、後者はジョブに適した人材を社内外問わず集めることを前提にしており、「入」と「出」のプロセスはより柔軟に多頻度で発生します。結果、同じ企業であっても、そこに含まれる人的経営資源は、つどの戦略や方針によって柔軟に入れ替わりが起こる構図になります（オープン・コミュニティ）。

ここでの大きな違いは、新卒入社と定年退職の間に人の出入りをどの程度見込むか、すなわち、社内の人的経営資源が、固定的か流動的かということになります。もちろん実際にはメンバーシップ型雇用でも一定の人の出入りはありますし、ジョブ型雇用下でも結果として定年まで同じ組織で勤めるケースはあります。あくまでもそれぞれの特徴・違いをわかりやすく整理したもの、とご理解いただければ幸いです。

こういった構造の違いが、戦略を立案し、その実行のために人的経営資源を調達・活用する立場の人間、トップマネジメントにとって、どのような選択肢の違いを生み出すのでしょうか。

メンバーシップ型の場合、「使える人的経営資源の総量と質」がそもそも決まっています。そこにいるのは、新卒入社から同じ空気を吸い、同じ釜の飯を食べ、共に成長してきた同胞です。当然、企業独自のルールや決まりごとについては熟知しており、明文化されていないお作法的なことを含めて、共通認識として持ち合わせていることが普通です。

心理学者であり、組織開発・組織分野の権威であるエドガー・H・シャインは、著書『企業文化』（白桃書房）の中で、企業文化を「その組織において共有された暗黙の仮定のパターンであり、人々の日々の行動を支配するもの」と定義しており、企業文化はその組織の過去の体験やトップのリーダーシップなどによって決まると指摘しています。メンバーシップ型雇用の組織においては、極端な話、それこそ企業のトップから末端社員に至るまで全員が同じ船で似たような経験をしてきているわけで、そこに存在する人的経営資源の同質性は非常に高くなります。社長は、そのような同質性の高い社員一人ひとりに対して、そのつど、なすべき戦略に従って仕事を割り振っていくわけです。

安定した環境ではメンバーシップ型に強み

それでは、メンバーシップ型の人的経営資源を持つ企業は、はたしてどのような経営環境・戦略下において優位性を発揮しやすいでしょうか。典型的には過去の成功体験が通用する世界での、一定のプロセスの反復・徹底・習熟を求めるのであれば、これ以上に優れた人的経営資源の仕組みは存在しないでしょう。高度経済成長期、日本製品が世界を席捲し、「ジャパン・アズ・ナンバーワン」と言わしめた品質×コストのバランスを実現できたことには、こういった同質性の高い人的経営資源が、オペレーションエクセレンスという競争優位性の源泉として極めてうまく機能したことがあります。

一方で、メンバーシップ型雇用の企業の人的経営資源、あるいは、人材調達・活用の前提には、当然、弱点もあります。一つには、活用できる人的経営資源の総量と質があらかじめ決まっていることです。

例えば企業が急激な拡大期を迎えている局面であっても、同質性の高い社員の再生産には相応の時間がかかります。また、同質性の高さゆえに、競争環境の前提が大きく変わる場面においては、変化に対応するアジリティ（敏捷性）を欠きます。特に、経営環境の変化の結果、従来の集団とは異質の人的経営資源を意図的に組み入れなければならないケースでは、組織に副作用をもたらすことがしばしばあります。昨今、多くの企業が苦慮しているデジタル系人材の受け入れは、こういった現象の典型例であると筆者は理解しています。

メンバーシップ型雇用を採用している日本企業の多くが、いまだに外部から幹部人材を引き入れることに抵抗を示したり（あるいは、採用を試みても、組織に定着せず、早期に離職を余儀なくされたり）、メンバーシップ型の組織を辞めた人間に対して、時に冷たい扱いをすることも珍しくないのは、これら強固な同質性とそれを守ろうとする意識的・無意識的な反応によるものだと考えられます。

他には、人的経営資源が一種の「固定資産」となっている点も難しさをはらみます。例えば、ビジネスが縮小傾向にあっても、急激な人的経営資源（人件費）の削減は困難です。

人件費は人数×単価で決まりますが、日本の現行法制度下では、人数面の調整は制約が大きくて難しいため、業績変動については単価で調整しなければなりません。このため、日本企業の従業員の変動報酬比率（賞与比率）は、諸外国と比べて高めになっています。通常時は安定的に支給する賞与も、経営危機の場面では引き下げることで人件費の変動性を確保するためです。

また、人的経営資源として社内に存在している限り、仮に求める能力に満たなくても使わざるを得ないし、安易に取り換えることも許されません。いわゆる「ぶら下がり人材」

「不活性人材」と称される人的経営資源を抱え込まないためには、常に従業員に自己成長を促し、必要なスキルをアップデートさせ続けることが必要になります。

変化に強いジョブ型雇用

ひるがえって、ジョブ型雇用はどうでしょうか。マネジメントは、随時更新される戦略・方針に照らし合わせて組織とジョブをあらかじめデザインし、そこに必要な人的経営資源を社内外問わず柔軟に調達・活用します。このため、当然ですが変化に対して強い制度であると言えます。

新規事業に打って出る場合、既存事業の競争優位の源泉が急激に変わった場合、あるいは既存事業の縮小均衡を進める場合、いずれの局面においても変化に対して柔軟に人的経営資源を組み替えることが可能だからです。

では、ジョブ型雇用を前提にしている組織に欠点がないかと言えば、もちろん、そんなことはありません。例えば、メンバーシップ型組織が得意とする同質性に依拠した阿吽《あうん》のコミュニケーションと同じレベルのすり合わせ・社内の密接な連携を、社歴も背景も多様な人材がそろうジョブ型雇用のコミュニティに求めることは容易ではありません。ジョブ型雇用のもとでは社外労働市場を意識した報酬設定をしなければ優秀な従業員の確保やリテンションができないため、一般に人件費は高くなりがちという点は、個人にとってはメリットでも、会社にとってはデメリットと言えるでしょう（ただし、メンバーシップ型雇用下の多くの企業のように、実際の貢献や市場価値に対して大きく報酬が上振れしている中高年の人材を抱え込む必要はなくなります）。

人的経営資源の確保は、経営のトップイシュー

このように、経営者目線で人材を経営資源としてとらえた場合、ジョブ型雇用とメンバーシップ型雇用では、マネジメントの前提が大きく異なります。多少乱暴に単純化して整理すると、メンバーシップ型雇用の組織では、成長の伸びしろが大きい（しかし、入社直後は戦力になりにくい）新卒社員を経営資源として一括で調達し、自分たちで戦力として鍛え上げ、その限られた戦力だけを頼りに競争を行います。

一方、ジョブ型雇用の組織では、必要な戦力をそのつど社内外から調達することを前提としており、不要になったり、パフォーマンスが悪い人材に対しては、状況次第でＰＩＰや退職勧奨などの厳しい措置をとることもあります。すでに存在する人的経営資源に仕事

を割り振るメンバーシップ型雇用の経営と、必要な人的経営資源をそのつど「時価調達」するジョブ型雇用の経営と言ってもいいでしょう。

大事なことは、両者はあくまで人材調達・活用の前提思想が大きく異なるというだけで、仕組みとしてどちらかが絶対的に優れているわけではないことです。それこそ、企業が置かれている経営環境、企業が採用している経営戦略によって、必要な人的経営資源のあり方は変わってくるため、その効率的な調達・活用のためにどちらの仕組みがより適しているか（あるいは、ジョブ型的な人材マネジメントとメンバーシップ型的な人材マネジメントをどのように使い分けるか・組み合わせるか）という観点から、両者の仕組みを経営者は戦略的に選択することを求められます。

一番大事なことは、ジョブ型雇用とメンバーシップ型雇用の話を、人事に閉じた話として脇に追いやらないことです。例えば、常に効率的で迅速な資金の調達を可能にするべく、企業は、日々、資本市場との対話やメインバンクとの関係性強化に努めているはずです。ここで語られている議論の本質は、企業の最重要経営課題である人的経営資源の調達・活用をどのような前提で行うかということであり、それが経営のトップイシューであることに議論の余地はありません。

2 ジョブ型雇用と経営戦略

一過性のブームに惑わされるな

これまで述べてきたように、経営者の立場としては、ジョブ型雇用かメンバーシップ型雇用かの判断は、自社の経営戦略を実現するために人材調達・活用活動を今後どのように行っていくべきかという観点から検討することが必要です。

そのためには、自社が置かれている経営環境と今後とるべき経営戦略について考察を深めることが重要なことはもちろんですが、それ以外にも、自社が取引を想定している労働市場がどうなっているかについても確認が必要でしょう。例えば、人材の外部採用を進めたいとなったときに、ニーズに合致する候補者が労働市場にどれだけ存在するかなどといったことが挙げられます。

仮に人材調達・活用のポリシー・システムを変更する場合には、既存の組織・構成員への影響・反応なども考慮して、どのような順番・範囲・時間軸で具体的に変革を進めていくかについても熟慮を要します。ジョブ型雇用かメンバーシップ型雇用かという議論は、自社の人材戦略（人的経営資源をどこから調達し、どのように育成して＝内部で付加価値づけをして、活用・投資していくか。それら一連の活動をどのようなコスト構造＝人件費ポリシーで行うか）の根幹に関わる意思決定であり、それを判断するべきは、人事部ではなく、経営者です。

このように経営戦略上の重要論点であるにもかかわらず、昨今、世間を賑わせているジョブ型の議論の中には、残念ながらその本質を正しくとらえていないものも多いです。そういった議論の典型は、２０２０年に発生した新型コロナウイルスの感染拡大により、リモートワークが急速かつ半強制的に普及した結果、従来の対面式マネジメントができなくなったことへのカウンターアクションとしてジョブ型への移行の必要性を訴える類のものです。

本書ではこうした議論の過ちをいちいちただすことはしませんが、そこで議論されている確からしいキーワード、例えば、成果主義の追求だったり、労働時間の短縮だったりなどという観点は、全部が全部ではありませんが、ジョブ型雇用かメンバーシップ型雇用かの議論の本質とは無関係なことも多いです。少なくとも、「よって、ジョブ型雇用に転換するべきです」という決定的な意思決定要素にはなりえません。

正規・非正規雇用に関わる同一労働同一賃金の議論にも注意が必要です。職務・成果に対して公正な対価のあり方を検討することは労働者保護の観点から非常に重要ですが、一方で、ジョブ型雇用の議論の射程は、より広範な経営戦略と紐づけることまで意識して判断される必要があります。

多くの日本企業にとって、ジョブ型の人材マネジメントに舵を切るか、あるいは、メンバーシップ型の人材マネジメントを継続するかは、いま問われている経営判断です。にもかかわらず、これら世の中に出回っている「芯を食っていない言説」によって、経営者が直視しなければならない経営イシューの焦点がぼやけることは、一企業のレベルではなく、日本経済全体において非常に大きな機会損失になりうると考えています。

ジョブ型への転換が求められる戦略上の理由

少々、議論がそれたので、話を元に戻しましょう。ここからは、日本企業がいま直面している課題は何か、その解決の方策として、なぜジョブ型雇用への転換が有効かについて、改めて考えていきたいと思います。

そもそも、今回のコロナ禍が発生する前にも、ジョブ型というキーワードが各種メディアを賑わせたタイミングが幾度かありました。例えば、２０１８年11月に経団連が発表した「Society 5.0 ―ともに創造する未来―」の中で、従来のメンバーシップ型雇用慣行からの脱却と、ジョブ型的な雇用慣行への転換が提言されたこともその一例です。

この提言の中では、今後到来するソサエティ５・０（サイバー空間〈仮想空間〉とフィジカル空間〈現実空間〉を高度に融合させたシステムにより、経済発展と社会的課題の解決を両立する、人間中心の社会〈超スマート社会〉）を「創造社会」と称しています。そこでは、「デジタル革新と様々な人々の想像・創造力の融合によって、社会の課題を解決し、価値を創造する社会」が目指されており、その実現のために必要な変革の柱として「企業」「人」「行政・国土」「データ・技術」が、特に、「企業」の変革として、組織や働き方、雇用慣行（メンバーシップ型雇用慣行）の見直しが必要であると謳《うた》われています。

では、なぜ、雇用慣行の変革が必要だと言われているのかというと、この提言で説明されている理由としては、以下のように記されています。

①今後、組織が変化に対して柔軟に対応し、新たに価値を生み出していくためには、

多様性を尊重し、積極的に活用していく必要があること（均質性から脱却しなければならないこと）

②これからの組織は、多様な背景と価値観からなるチームで力を発揮することが求められ、そのようなリーダーシップを育てる必要があること

③これらを実現するためには、「ジャパン・アズ・ナンバーワン」の時代に有効に機能したメンバーシップ型雇用を改め、「就社」から「就職」への転換を図る必要があること

筆者なりに解釈すれば、デジタル化が進むこれからの社会においては、多様性を前提に、変化に対するレジリエンスを備えることが組織・人材戦略上重要であり、そのためには多様性の対義である同質性の維持に重きを置いた人材調達・活用の仕組み（つまりメンバーシップ型雇用の仕組み）を見直さなければならない、ということになります。

結局、同質性に長けた組織が強みを発揮するためには、前提となる経営環境・戦略の振れ幅が小さく、安定していることが条件になります。「ジャパン・アズ・ナンバーワン」の時代、特に輸出型ビジネスで日本製品が世界中を席捲したのは、海外とは言っても主に

先進国を対象にしており、そこで求められる製品の競争優位性もおおむね似通っている中での勝負だったからにすぎません（多くの場合、コストと品質のバランス）。

その後、グローバル化によって、市場は拡大・多様化し、競争相手の前提も大きく変化しました。そこに来て、デジタル化の波によって、産業という枠組みさえも短期間のうちに大きく変容する世界が到来しました。このような前提において、ある種の一点突破力だけに長けた同質性の高い人的経営資源を集中的に抱えることは、あまりにリスクの高い経営資源の投下方法になってしまった、ということではないでしょうか。

ジョブ型雇用への転換が求められる企業群

第1章でも紹介しましたが、これまでの議論を簡単にまとめると、改めて、図表3－1のような構図となります。

ここで強調しておきたいことは、このような経営環境の変化を踏まえ、十把一絡げに、誰でも彼でもがジョブ型雇用にすぐに転換するべきかというと、必ずしもそうではないということです。これまでに説明してきた内容は広くマクロな経営環境の読み解きであり、個々の産業が直面している状況、企業が置かれている経営環境を見ていくと、そこには必

図表3-1
経営環境に応じて異なる組織ケイパビリティと人材（再掲）

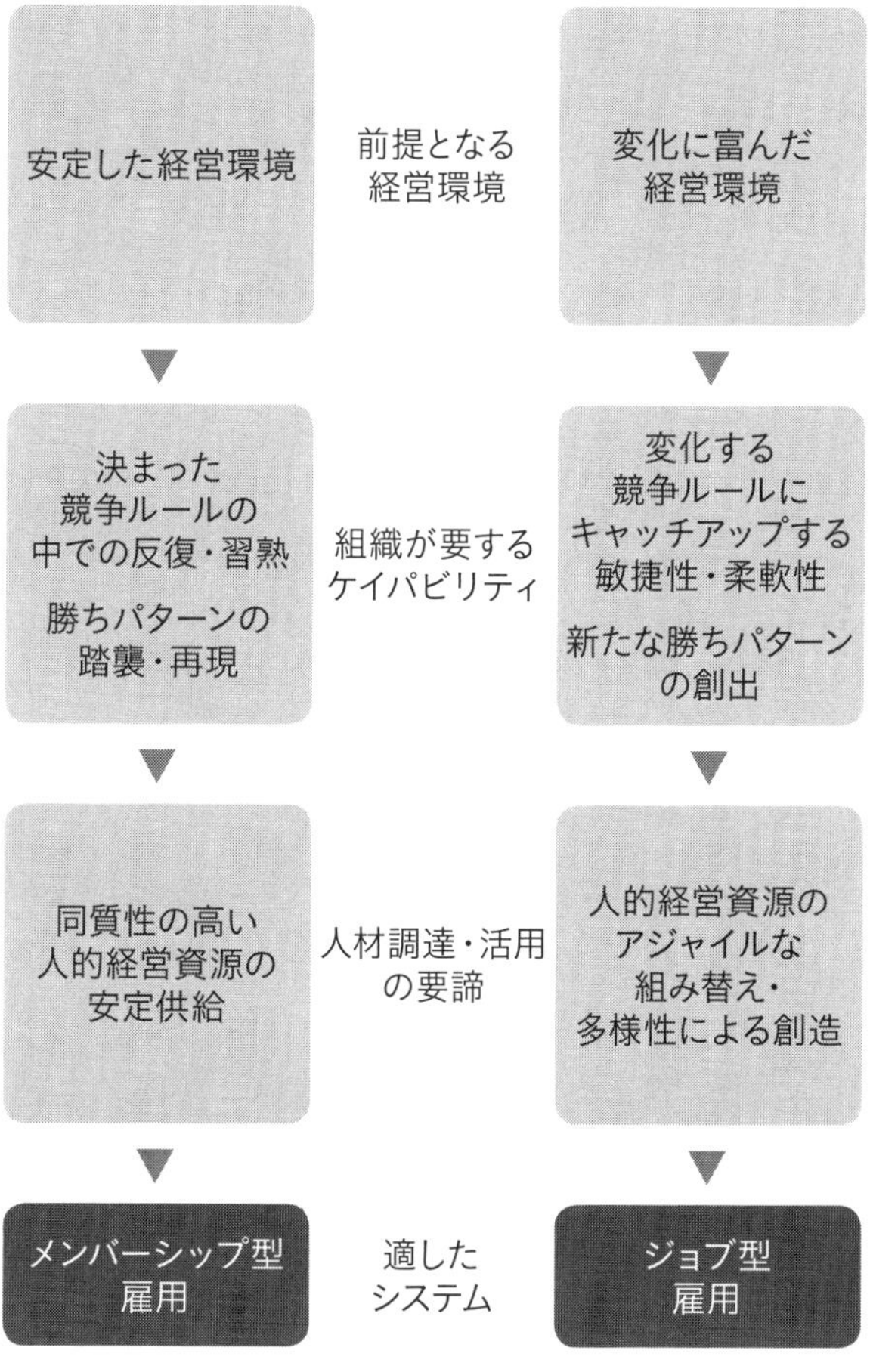

ず大きな個体差があります。

例えば、一言にデジタル化による旧来型ビジネスモデルのアップデートが起こっていると言っても、情報メディア産業のように価値提供モデルが根幹から揺らいでいる業界もあれば、デジタル技術（ＡＩやＲＰＡ）を用いた各種プロセスの効率化が始まったにすぎない業界もあります。

これまでに説明してきたように、メンバーシップ型雇用とジョブ型雇用はそれぞれが整合したエコシステムを形成しており、両者はまったく異なる人材調達・活用の思想を根底に持っています。その振れ幅の大きさをよく認識せず安易な変更を行ってしまうと、メンバーシップ型の仕組みでうまくいっていた部分をむやみに損なう一方で、ジョブ型の仕組みとして新たに取り入れようとしていた部分は旧来組織の自己修復システムに取り込まれて機能しなくなるという、悲惨な状況に陥ってしまいます。

メンバーシップ型雇用の仕組みも、ジョブ型雇用の仕組みも、それ自体は完結したエコシステムであるため、前提環境によって、適した導入のされ方・手順が変わってきます。ともすれば、いまなおメンバーシップ型雇用の仕組みを戦略的に維持・強化するほうが良いというケースも、少なからず存在するでしょう。

そういった可能性を捨ててしまい、一足飛びにジョブ型雇用のほうがメンバーシップ型雇用より常に優れているかのように語るのは、それこそ思考放棄に他ならないと言えるでしょう。

繰り返しになりますが、必要なことは、自社が置かれている経営環境と戦略の丁寧な読み解きです。万人に効く薬がないように、ある程度まで標準的な仕組み・考え方はあっても、ジョブ型の仕組みを取り入れる緊急度・アプローチ・優先されるべき対象範囲は、企業によって必ず異なります。そこの検討を人事だけに任せず、経営者が先頭に立って、自社の中長期的な人材調達・活用戦略を議論していくことが、いま、多くの日本企業には求められています。

とは言っても、やはりジョブ型雇用に対して緊急性が高い企業群は存在します。典型的には、デジタル化の進展によって、過去の競争変数が変わろうとしている企業・事業、既存事業に成長の壁を感じており新たな事業を創造していくことが求められている企業（特にこれまでと異なる多様な人的経営資源を必要とする企業）、人口構成の構造的な変化に組織・人事をうまく適合させていくことが求められている企業などは、ジョブ型の仕組みへの転換を早期に検討する必要があるでしょう。

M&Aで高まる転換ニーズ

かつて、日本企業は諸外国の企業と比べて、M＆Aに消極的であると言われてきました。しかし、そういった話も今は昔、日本企業によるクロスボーダーM＆Aは年々増えてきており、またこれまでは主に買い手として登場していた大手企業が、従来社内の主流・伝統事業としていた事業まで、選択と集中を目指した事業ポートフォリオ再編を通じて売り出すことも珍しくありません。

M＆Aを、買い手の立場の人材の調達・活用戦略という観点から読み解くと、これまで同質性を守ってきた組織に、異質な集団を一時に、大量に取り込むことに他なりません。そして、その異質性の受容こそが、組織ケイパビリティの導入というM＆Aの目的だったりします。

これまでの日本企業は、特に海外企業の買収となると、せっかく高額の投資をしてM＆Aをしても、うまく自社の組織と統合してシナジーを創出することができず、買いっぱなしになってしまうことが少なくありませんでした。そして、そういった統合のさまたげになっていたのが、メンバーシップ型雇用の前提です。

筆者は、メンバーシップ型雇用の考え方にどっぷりつかった日本人社員および日本本社と、ジョブ型雇用の前提で人事制度もキャリア観もまったく異なる買収先の経営陣・社員との間に埋めがたいギャップが存在するケースを数多く見てきました。

自分たちのやり方しか知らない日本本社の社員が、メンバーシップ型雇用的な価値観・働き方・人事制度を買収先に押し付けようとするケースや、その反対に買収した相手方であるにもかかわらず腫れ物のように扱ってしまうケースは、いずれも統合シナジーを生み出すという観点では好ましいものとは言えません。

昨今の経営環境の変化の速さ・ボーダーレス化の状況に鑑みると、目的は何であれ（時間を買う、ケイパビリティを買う、顧客基盤を買う、バリューチェーンの垂直統合を行う、補完的に市場を拡大するなど）、クロスボーダーM＆Aの戦略的な重要性がいっそう増してくることは疑う余地がないでしょう。そして、企業を買収するからには、買収プレミアムを正当化するため、足し算以上の価値を創出することが求められることもまた自明です。

このような経営環境下において、自社とは異なる文化・歴史を持つ買収先に対して、「自社色に染まれ」という発想でメンバーシップ型雇用の人材マネジメントを強要することには、ほとんどの場合、かなりの無理があります。

クロスボーダーM&Aのケースに限らず、これまでの日本企業には、メンバーシップ型的なコミュニケーションや人事ポリシーを理解してくれる外国籍社員だけを重用するというケースも多く見られました（あるいは、そういう稀有な人材以外は日本企業にとどまろうとしなかったとも言えます）。このような考え方を採用した時点で、グローバルマーケットにおける人材の調達元を自ら狭く限定してしまっているわけで、広く人材の獲得競争をするうえで、大きな制約を自社に課していることになります。

M&Aを自社の戦略として使いこなすためにも、そもそもが、真のグローバル企業として人材の多様化、および人材の調達・活用の多国籍化を進めていくためにも、ジョブ型雇用の人材マネジメント〝も〟できるケイパビリティを身につけることが、日本企業にとって必須の経営課題であると言えるのではないでしょうか。

高度プロフェッショナル人材の確保

これまで解説してきた点以外にも、ジョブ型的な仕組みに戦略的に舵を切る必要性はたくさんあります。例えば、デジタル人材の業界横断的な採用・獲得競争に勝つために、ジョブ型的な人材マネジメントへの移行を検討せざるを得ない、といったケースです。

このような高度プロフェッショナル人材の増強は、デジタル分野だけに限った話ではありません。例えばコーポレートプロフェッショナル人材（特に、グローバル連結で仕組みの設計・構築・運用ができる管理部門のプロフェッショナル）に関しても、似たようなケースが増えてきています。

筆者にとって接する機会が多い人事部においても、グローバル人事のトップは、外資（あるいは、海外子会社やクロスボーダー買収先の企業）から引っ張ってきた外国籍社員であったり、日本人であっても、ＧＥなどの外資系企業で活躍した経験を持つ方を登用したりするケースが増えています。

こうしたグローバルで活躍できるコーポレートプロフェッショナルは、日本企業の極めて独自性の高い環境だけで業務を長くやっていても育成できませんし、仮に育成に成功したとしても、時間が長くかかりすぎます。結果、コーポレートプロフェッショナル人材に関しても、従来のメンバーシップ型人材マネジメントの仕組みの外側で調達・活用を進めようとしている企業が増えてきているのです。

これらのうち、最もダイナミックな変化が起こっており、また今後ますます変化が加速すると予想されるのは、間違いなくプロフェッショナル経営人材でしょう。昨今のコーポレートガバナンス改革の流れは、監督機能（取締役会）と執行機能の分離を求めていますが、ここで監督機能の要として社外取締役が重視されているのは、株主目線の代弁者として客観的に監督・評価を行う役割が、社外取締役という「ジョブ」に求められているからに他なりません。

これまで多くの日本企業では、取締役は職能的・年功的な出世レースの「上がり」のポストであり、そこにはジョブの観点はほとんど含まれていませんでした。戦略が変わり、組織図も大きく変わっているのに、組織図に入る役員の名前だけが変わっていないケースなどは、その典型と言えるでしょう。

ジョブ型経営の本質は、戦略に対して最適な組織とジョブをデザインすることであり、ジョブに最も適した人材を社内外問わず調達・活用することにあります。これまでに述べてきたような人事戦略の転換が日本企業に必要なのだとすると、それこそ役員の顔ぶれが変わらないことなどありえないのではないでしょうか。

3　経営戦略と人事戦略をつなぐ要員計画

もしあなたが一から組織を作るとしたら

本章では、ジョブ型雇用の仕組みがなぜ重要になってきているかを、経営者の目線から説明してきました。ここからは、具体的に経営戦略と人事戦略をどのように接続させていくべきか、ジョブ型雇用における実際の人的経営資源の計画・調達・活用（ＰＤＣＡ）がどのように行われるべきかについて、具体的な手法を解説していきましょう。

繰り返しになりますが、ジョブ型雇用の世界では、まず成し遂げたい目標・経営戦略があって、それを実現するために組織とジョブがデザインされ、ジョブに対して最適な人材を調達・活用していくというのが基本的なプロセスになります。では、組織を作る・ジョブをデザインするとは、具体的にどういうことでしょうか。

例えばいま、あなたが思い立って「ジョブ型人事制度の導入を支援するコンサルティンググファーム」を立ち上げるとします。当たり前ですが、組織の最初の構成員はあなただけです。法人を作ったとしても、法人＝あなたであり、あなたがあらゆる経営資源（実際は、あなたという労働力、あなたが資本として投入するお金など）を自由に使うことができます。

では、あなたは次に何をするでしょうか。もちろん、自分自身の力だけで、まずはクライアント企業を開拓するのもありですが、それ以外に一緒にビジネスをやってくれる仲間を探すことから始めてもよいでしょう。

例えば、クライアント人脈はあっても、あなた自身にコンサルティングをするスキルがなければ、人事コンサルティング業界出身者を雇うかもしれません。自分自身にコンサルティングをするスキルがあったとしても、顧客を開拓する営業スキルが不十分な場合には、営業担当者を社員第1号にすることだってあるでしょう。あるいは、自分自身がビジネスに専念するため、経理に明るい友人にパートタイムで支援を頼むかもしれません。

組織を作る、ジョブをデザインするとは、こういった一連の思考・活動そのものです。すなわち、社長（マネジャー）が、自社がやりたい戦略を実現するために必要な人材の質と量を、自分自身のケイパビリティとの補完関係や、具体的に分担してほしい仕事の内容をイメージしながら、要件定義していくことになります。

ある場合は自分が持っている決裁権限の一部を委譲するでしょうし、ある場合は自分自身の指示に従って労働力を提供することだけを求めることもあるでしょう。いずれにしてもここで重要なことは、以下の3点です。

①戦略を実現するために必要な組織ケイパビリティをイメージすること
②その組織ケイパビリティを身につけるために必要な人材の質×量を思い浮かべること
③集まった人材が組織として効率的に動けるように、責任・権限を分担し、指揮命令系統を決めること

とりわけ、組織を縦に階層化するということは、下位層に対して、自分が持っている責任・権限、すなわち、なすべき仕事のいくらかを委譲することを意味します。仕事を委譲された側は、今度は自分自身の担うミッション・役割を果たすために必要なチームをイメージし、再度、仕事を分解して下位層へと落とし込んでいきます。

このようにして組織はデザインされ、最終的に一人ひとりのジョブへと落とし込まれて

いくのです。これら一人ひとりの期待役割、責任・権限などを要件として言語化したものが、職務を記述したペーパー、つまりジョブディスクリプション（JD）になります。

こういった一連のプロセスのすべての発射台は、社長（厳密には取締役会）が策定する経営戦略になります。それを実現するために必要なチームを社長がイメージし、社長直下の組織がデザインされます（一般的には、事業本部長やコーポレートヘッドなどがそれに該当します）。

次にそれぞれの事業本部長が同じことを繰り返します。こういった責任・権限の委譲を行うラインがいわゆるライン組織であり、部長や課長、グループ長がライン組織の末端になります。つまり、ラインマネジャーの仕事とは、戦略実現に必要な人材の質×量を要件としてデザインし、その要件に合った人材を探し、仕事の内容およびそれに支払う対価について本人の同意を得て、組織の一員として迎え入れることだと定義できます。

要員計画について改めて考える

ここまで読み進めてきてお気づきの方もいらっしゃると思いますが、これら一連のプロセスにおいて人事部門はまだ一度も登場していません。社長目線、ラインマネジャー目線で考えた場合、人材とは経営戦略を実現するために必要な人的経営資源です。

話をわかりやすくするため、同じく重要な経営資源であるカネ（キャッシュ）に置き換えて考えてみましょう。事業戦略を策定するにあたって、キャッシュフローの将来計画を立てないラインマネジャーは、ほとんどいないでしょう。ラインマネジャーが考えるべきことは、いつ・どのような投資が必要になるのか、それがどのような収益を生んで何年後に回収できるのか、最終的にどれだけのキャッシュを会社（その先にいる株主）に還元することができるのか、などといったことです。

人的経営資源についても、基本的な考え方は同じです。事業戦略を実現するために、いつ・どれだけの質×量を備えた人的経営資源を調達するのか、彼ら・彼女らに対してどのように投資して、そこからいつ・どのようにキャッシュリターンを生むのか。

これらの経営戦略を反映した人的経営資源の配分方針を表すものが組織図です。そして、組織図に込められた経営戦略的な意図を、一人ひとりの従業員に目標として落とし込むための仕組みが目標管理です。一般的に組織図が守秘性の高いものとして扱われるのは、そこに人的経営資源の配分方針、ひいては、背景にある経営戦略が反映されているからなのです。

各部門を統括するラインマネジャーが設置されるのは、社長が描く戦略を実現するために、意思決定の責任・権限を委譲する必要があるからです。そして、ラインマネジャーは自分自身に割り当てられたミッションを果たすために、自組織の戦略を立て、その実現に必要な経営資源（ヒト・モノ・カネ）の計画を立てるわけです。これがジョブ型雇用の世界における、人材調達・活動PDCAの基本的なイメージです。

要員計画とは、これら一連の人材調達・活動の計画をまとめたものです。戦略を実現するために、将来、いつ・どこに・どれだけの質×量の人材が必要になってくるかをあらかじめ想像し、それと現状とのギャップを目に見える形で示します。

こうしたギャップを埋めるために、社内外からどのように人材を調達・活用していくか、具体的には、採用・異動・育成・代謝などの活動を、およその人数や規模を含めて計画し、それらを予算・計画に織り込みます。人事制度とは、これら一連の活動をスムーズに実行するために必要な管理ツール、インフラなのです。

このような一連のプロセスを通じて、人事の中長期的なミッションが定められ、これを人事中計と呼ばれるアクションプランへと落とし込みます。つまり要員計画とは、経営戦略を実現するために必要な人材の質×量を予測し、それをタイムリーに過不足なく、しか

図表3-2
要員計画策定の概要

① 人員構成の“あるべき”と“現状”のギャップを算出

機能

役割	コーポレート	事業創造	事業運営
部長	−6	−5	0
課長	−15	−5	+10
係長	−20	−20	+20

（人）

② 差分を埋めるために必要な施策を立案

- 人材の“調達方法”（人事戦略）を検討

＋　人材が**過剰**
→ アウトプレースメント、再配置・リスキル

−　人材が**不足**
→ 選抜育成による昇格、中途採用

- 人事戦略を実現する基盤として、
各種人事制度・システムを整備

等級・報酬・評価　　採用・配置・育成・代謝

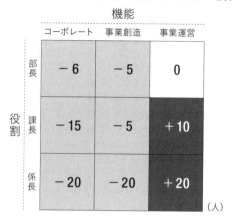

も適正コストで調達するために必要な、一連の人事活動計画の入口になります。

4 要員計画がうまくいかない3つの理由

要員計画の立案は人事の仕事？

ここまで読み進めてきた読者の中には、このような疑問を感じている方もいるのではないでしょうか。

「ここまでの組織と要員計画の話は、当たり前のことではないか。なぜ、それがジョブ型雇用の仕組みにおいて特に注目されるのか。メンバーシップ型雇用を採用していても、要員計画の必要性自体はまったく変わらないのではないか」――

先にお答えしておくと、このようなご指摘は100パーセント正しいです。ところが、筆者の経験上、実際に要員計画を満足に作ることができている日本企業は、産業や事業規模の大小によって多少の違いこそあれ、ほとんどない、というのが実感です。

では、なぜ、このような当たり前のことに苦慮している日本企業が多いのでしょうか。そもそも、そのような要員計画作成の必要性を感じていないのでしょうか。そんなことはありません。人件費はいつの時代においても企業が最も頭を悩ませるポイントの一つであり、要員配置の適正化を重要視していない企業など、ほとんどないと言えるでしょう。

筆者の経験上、日本企業がきちんとした要員計画を立てられていないこと、仮に立てたとしても画に描いた餅状態になってしまっていることの原因の多くは、メンバーシップ型雇用の特殊性に起因することが多いのです。

そこには3つの「ない」が存在します。「当事者がいない」「ツール・情報がない」「実効的な打ち手につながらない」という3つです。この中でも、特に日本企業が苦慮している点は、１つ目の問題、すなわち当事者不在の問題です。

すでに述べた通り、要員計画は経営戦略を読み解く形で、ラインマネジャーによって策定されることが自然です。つまり、要員計画の策定に一義的な責任を負うべきは人事ではなく、各々のビジネスラインであるということです。

しかし、日本企業の場合、事業の遂行に責任を負うのはビジネスラインですが、人材の調達（採用、育成・配置、処遇）に関しては、人事部門が中央集権的に管理する構造になっていることも多く、結果的に要員計画の策定も人事部門の仕事となっていることが少なくありません。背景としては、メンバーシップ型雇用の仕組みを採用している日本企業においては、中長期にわたって従業員間の内部公平性を担保することが何より重要であり、事業部門の裁量で人材マネジメントを自由にやらせることが困難であるという図式があります。

その結果、ビジネスラインが人材の調達・活用を自分たちの仕事の範囲外ととらえてしまっていることが多いのです。「(少なくとも日本本社の社員に関しては)人材の調達は人事がやるべきもの。自分たちの仕事は、いかに自分たちの業務が忙しいかを人事部門に伝えて、年に1回の異動調整のときに少しでも有利な人事異動が行われるように働きかけること」という行動様式になってしまっているのが現状です。自分たちで能動的に要員計画を立てるどころか、その実行にまで本来は責任を負わなければならないという思考を、そもそも持ち合わせていないのです。

この構造の不自然さに、実は日本企業で働く多くの従業員がすでに気づいています。筆者はコンサルティングの現場でラインマネジャーにインタビューする機会が多くあるのですが、グローバルにビジネスを展開する会社の場合、「海外に駐在したときは、ジョブディスクリプションの作成から、採用、報酬交渉、リテンションまで、すべて自分がやらなければならなかった。本当に大変だった」という話をよく聞かされます。

こういった話が出てくること自体が、国内＝メンバーシップ型前提の人材マネジメント、海外＝ジョブ型前提の人材マネジメントというダブルスタンダードを採用していることの証左です。中には、あたかも海外が例外であるかのようなトーンでお話をされる方もいらっしゃいますが、グローバルで見たときの例外はむしろ日本であり、日本のメンバーシップ型雇用の仕組みであることは、これまでに繰り返し述べてきた通りです。メンバーシップ型雇用という日本固有の人材マネジメントのあり方が、本来あるべきビジネスサイドと人事サイドの役割分担をゆがめてしまっているのです。

人事ビジネスパートナー制度から透けて見える課題

同じようにいびつな構造の例として、日本企業における人事ビジネスパートナー制度の難しさがあります。この「ビジネスパートナー」という言葉の裏には、ビジネス、つまりビジネスサイド（事業部門）が人材マネジメントを行うことが「主」であり、人事はあくまでその「サポート役」であるという前提が存在します。

ところが日本企業の場合、そもそもビジネスサイドが人材マネジメントの主導権を握ることが明確に示されていないことが少なくありませんし、現場のラインマネジャーに至っては、そのような認識をまったく持ち合わせていません。

こういった状況でビジネスパートナー制度を導入しても、本来、人材マネジメントを担うはずの主体にその気がないわけですから、人事部門が何をビジネスサイドにコンサルテーションするべきか、よくわからなくなってしまいます。

ここで指摘したい一番の問題点は、戦略実現上の最重要経営資源である人材の調達・活用計画について、戦略と表裏一体で検討・実行する主体が存在しないことです。人事部門がビジネスサイドと密に連携して、代替的に作成するという案もなくはないですが、現在のように、環境の変化が速く、かつ事業ごとの専門性・独自性も深まっている状況を念頭に置くと、どうしても限界があるでしょう。

このことと関連している、日本企業のもう一つの大きな課題は、すでに抱えている人材ありきで組織を作らざるを得ないことです。同じ組織で数十年を共に過ごし、年次が上のかつての先輩が部下になることも珍しくない状況では、どうしても多種多様な配慮・遠慮が働き、結果的に、本来あるべき組織の形にゆがみが生じることは想像に難くありません。

役員人事がその典型例です。本来であれば戦略から逆算して必要な組織・ジョブがデザインされ、その結果として役員の人数が決まるはずです。しかし、年功序列・論功行賞的に役員を選定してしまっている企業では、役員の人数と顔ぶれがはじめに決まっていて、それを組織・ジョブに割り振るという本末転倒な事態が起こります。その結果、意思決定構造が必要以上に多層化するといった非効率を多く生み出すこととなり、組織の疲弊や、経営戦略上の意思決定の遅れにつながっているのです。

従業員の情報が使える形になっていない

次に、「要員計画策定のツール・情報がない」ことについてご説明します。

図表3－3に、要員計画策定から人事戦略を立案し、具体的な人事施策へとつなげていくための典型的な検討プロセスを示します。

ここでのポイントは、ステップ2「需給ギャップの特定」です。これまで、企業の最重要な経営資源として、ヒトとカネは経営戦略とセットで考えることが重要であるという趣旨のことを繰り返し述べてきました。では、ヒトとカネ、これら2つの経営資源の間に大

図表 3-3
要員計画策定のプロセス

1. 戦略の読み解き

▼

2. 需給ギャップの特定

▼

3. ギャップを埋める方策の検討

▼

4. 組織・人材マネジメントシステム・施策の企画＋実行

きな違いがあるとすれば、はたしてどこでしょうか。

前者は意思と感情を持つ生き物であること、後者はデータでのやりとりが可能で即時的に動かすことが可能であることなど、さまざまな違いが考えられるでしょう。ただ、こと経営資源のプランニング活動という側面に限れば、ヒトに関しては、量だけでなく、質の側面もあわせて検討しなければ意味がないことに最も大きな違いがあります。

具体的に言えば、1億円のキャッシュはあくまで1億円であり、どこに行っても1億円分の経営資源として等しく価値を発揮します。しかし、10人のヒトに関しては、一人ひとりのスキル・経験も違えば、業務に対する向き・不向きなども異なります。ヒトの調達・活用計画、すなわち、要員計画の策定にあたっては、ヒト資源の質の可視化が欠かせない、ということです。

ここにきて、再びメンバーシップ型雇用に起因する難点が浮上します。すでに述べた通り、メンバーシップ型雇用の人材マネジメントでは、社員の内部公平性が何より重視されるため、キャリアのゴールはマネジメント（管理職）であり、そのためにゼネラルローテーションが採用されます。マネジメント育成の基本的な考え方として、多様な職務経験が視座の拡張・引き上げにつながると考えられているため（この考え方自体は、グローバルでも一般的です）、それこそ職種に関してもさまざまな経験をさせられることが珍しくありません。

これら一連の人材マネジメントの結果として何が起こっているかというと、個々人の業務遂行能力、とりわけ領域ごとの専門スキルや経験が深まりにくいことに加えて、そもそも誰が・どの領域で・どの程度のスキルを持っているか、具体的な情報がどこにもない、ということなのです。

その典型が、日本企業に多い職能等級に表れます。職能等級は、あくまでその企業が求める汎用的な能力を表したものであり、ある領域におけるスキル・経験の高さを表したものではありません。結果、同じ初任管理職等級であっても、ある人は経理の専門家であり、ある人は営業系のスキルが高く、その一方で、ある人は万遍なくいろんなことをやってきているなど、さまざまなパターンが存在し、人員配置を客観的に設計するための情報としては、非常に使いにくいのです（さらに日本企業の職能等級は年功的に上がることが多いので、職能等級と本人の職務遂行能力が一致しないこともよくあります）。

それ以上に根深い問題は、将来のあるべき要員構成を検討することが困難ということです。仮にあなたが社長だったとして、将来必要な要員構成を検討するにあたって、どのように考えるでしょうか。

例えば、「既存ビジネスはいまの1・5倍の伸びを目指しているから、営業社員は生産性の改善を多少加味したとしても1・3〜1・4倍は必要」とか、「管理部門はできるだけ筋肉質な組織にしたいから、IT投資を進めて0・8倍に効率化しよう」などといったように、職務内容・業務の切り口で検討を行うことが自然ではないでしょうか。

裏を返せば、「初任等級の人数は1・1倍、上級管理職は現状維持」などという、等級だけを基軸にした検討はしないはずです。単一事業でよほど職種区分がシンプルな場合であればそれでもよいかもしれませんが、複数の機能・事業を抱えるケースでは、職種の切り口がゼロのままでは立ち行かないことのほうが多いでしょう。

これまで何度も述べてきたように、有効な要員計画を考える際には、戦略を実現するために必要な組織ケイパビリティをイメージし、それをジョブという形で落とし込んでいく思考が自然です。こういった思考を有効に働かせるためには、どうしても担当業務、いわゆる、職種の概念が不可欠になってきます。

ところが日本企業には、総合職と一般職、正規と非正規などの雇用区分がまずあり、その次に一般的な職務遂行能力を表す職能等級は存在するものの、個別の職種や専門領域を特定する人事データまでは持ち合わせていないことが少なくありません。なぜなら、職能等級の人員管理上、そのような情報が必要ないからです。このような状況で戦略的に要員計画を策定しろと言っても、どうしても限界が出てきてしまうことが多いのです。

それ以外にも、要員計画を体系的・継続的にアップデートしていこうとすると、それを実現するためのデータベースも整備しなくてはなりません。実は、日本企業の場合、要員計画に必要な従業員情報を持っていないのではなく、それを体系的に整理できていないだけ、ということも多いです。

例えば、異動履歴と評価記録（目標評価の達成状況など）、ならびに本人スキルの自己申告結果などを統合して解析していけば、それなりに精度の高い要員マップを作ることができます。しかし、これら一連の統合作業を「何となく必要そうだから」という理由だけでやるのはさすがに大変ですし、やるからにはデータベースとして体系的に整備して、タレントマネジメントに活かしていきたいと考えることが通常です。

昨今、タレントマネジメントシステムの導入に踏み切る企業の数がますます増えていますが、その理由はここにあります。要員計画から実際の人材調達・活用までのＰＤＣＡを、より正確にデータ基点で回していきたい、という意図があるのです。

長期的な育成・雇用保障をするからこそ、ジョブ型を導入

最後に、もう一つの「ない」、実効的な打ち手につながらないという点についても簡単に触れたいと思います。

すでに述べた通り、典型的なメンバーシップ型雇用の人材マネジメントでは、基本的に人材の「入」は新卒（あるいはそれに準じる若手）に、「出」は定年退職に限定されます。どこまで精緻に人材の過不足を浮き彫りにしても、肝心な打ち手が「いまいるリソースの組み替え」でしかないのであれば、本気で計画づくりに取り組むモチベーションは上がりません。

さらに、日本企業の新卒採用はポテンシャル採用であり、ここに質的な要素を入れ込むことは困難です。要員計画を策定するということは、その後に続く作業として、採用・育成・配置・代謝といった人材マネジメントフローの施策をアップデートすることを企図しているのであって、その点の見直しに本腰を入れる気がないのであれば、計画を作り込むこと自体が徒労だ、という結論になることが自然です。

一方で、メンバーシップ型雇用の仕組みだから要員計画を立てる意味がないかと言え

ば、必ずしもそうではありません。むしろ、厳格なメンバーシップ型の人材マネジメント、つまり長期にわたる雇用保障を行いたい企業であればあるほど、要員計画を中長期スパンにわたって立てることが実は必要であるという逆説的な事実も存在します。

それは、なぜでしょうか。すでに述べたように、メンバーシップ型雇用の人材マネジメントでは、人材の総量と質がほぼ固定的であり、戦力としてカウントできない社員を作ってしまったら（そして、それを企業内に抱え込み続けるのであれば）、人件費の観点から多大な非効率を生み出してしまうからです。

このような事態を避けるためには、経営戦略の方向性と、そこから求められる必要戦力の質×量を常に先読みして、先手先手で人事異動・リスキルへとつなげていくことが必要になります。

では、このような異動・リスキルの中長期的な計画を議論するための材料として何が必要かと言われると、それはやはり職務、ジョブということにならざるを得ないのです。

メンバーシップ型雇用の是非はいったん置いておいたとしても、社員の雇用を大事にしたいという日本企業はいまなお多いです。では、これほどまでに変化が速い経営環境で雇用を長期に守るために何が必要かと言えば、それはジョブの観点から必要な組織・職務と従業員のスキルを可視化し、両者のマッチングを常に図るという、ジョブ型雇用的な人材マネジメントだということになるわけです。

一部では、「外資系企業は社員に対して冷たい、使い捨てのように扱う」というイメージもあるようですが、例えば外資系の有名消費材メーカーなどは、日本においても新卒採用を人材調達の基本とし、内部育成・長期雇用をベースにした人材マネジメントを行っています。多くの日本企業との違いは、入口から職種別に採用活動を行い、職種ごとに企業が責任を持って人材育成をしていくという姿勢と、人材育成の体系立ったスキームがそこに存在することです。

また、長期雇用を重視すると言っても、それはあくまでも個人がそれぞれのジョブ・キャリア段階での期待に応えることが前提であり、役割を十分に担えない場合や改善が見込まれない場合にはPIPや退職勧奨を行うことが一般的です。

ジョブ型雇用とメンバーシップ型雇用の是非について、ある日本企業の役員と話をしていたときに、その方がおっしゃったことが個人的に強く印象に残っているので、本章の締めくくりとして紹介させていただきたいと思います。

「日本企業は雇用を守るから従業員に優しくて、外資系企業はそうではないから優しくないと言われているが、自分は逆だと思う。大学生で社会が何たるかもよくわからないうちに就社という人生の一番重い選択をさせられて、その後、自分のキャリアに対して主導権を持つこともできず、会社命令で専門性の習得にもつながらない仕事を延々と繰り返させられる。気が付いたときには、転職しないのではなく、できない状態になってしまっている。

仮に、日本の会社に戦力にならない中高年層が多くいるとするなら、それは本人たちだけの責任ではなく、むしろ、会社の責任のほうが大きいと思う。就社の覚悟をして会社と雇用契約を結んでくれたのであれば、彼ら・彼女らが終身食い扶持に困らないスキルを身につけさせることは、会社の責任である。長期雇用の前提を守るために、当社はジョブ型雇用の人材マネジメントに舵を切りたいと思う」

事例②

日本マイクロソフト

——事業戦略に基づき組織・ジョブをデザインする

日本マイクロソフト株式会社　基本情報
業種：情報・通信
従業員：２４８５名（２０２０年７月）

クラウドを活用したデジタルトランスフォーメーションを推進

アメリカに本社のあるマイクロソフト社では長年にわたり、日本においてもＪＤで専門的な業務内容が明示されている、いわゆるジョブ型雇用での採用・登用が基本となっています。本稿では、メンバーシップ型雇用からの変革を目指す会社にとっても参考になるよう、同社で仕組みとしてすでに定着している人員計画やＪＤのポイントをご紹介したいと思います。

施策の具体的内容に入る前に、同社の事業戦略を理解しておきましょう。ビジネスの中心が、ライセンス販売ビジネスからクラウドによるソリューションビジネスに移行したことを受け、クラウドを活用したデジタルトランスフォーメーションを推進しています。これに伴い、クライアントのインダストリー、ビジネス・ファンクションごとのニーズに応じて、より多様なサービスを展開することが求められています。

さらに、事業環境の変化が激しい状況において、戦略も速いペースで移り変わります。人材マネジメント上は、その流れに適応しながら、戦略上求める人材を獲得・リテンションするとともに、組織として変化に柔軟に対応できるよう、多様なバックグラウンドを持つ人材を集め、かつ多様な人材が活躍できるようなカルチャーづくりが鍵となっています。

事業戦略を具体化する人事戦略・ＪＤ

事業変化に即した人材を獲得するうえで、人員計画を立てることは不可欠です。同社では、7月〜6月が会計年度となっていますが、毎年4月頃、グローバル本社からその年に注力するビジネス分野や具体的人数の素案が伝えられることを起点に、日本ローカルの事情やビジネス上のプライオリティを考慮したうえで、より具体的な日本法人の要員計画に落とし込んでいき、最適な人員配置を実現していきます。さまざまな専門知識を持つ多様な人材の確保は最高の組織を作るために欠かせない視点の一つとなります。ＨＲＢＰはビジネスリーダーとともに、どうすればビジネスを成長させられるか、そのために必要な人員配置や人材をどのように獲得するかを決定し、実行していきます。

また、中長期的な視点では、例えば注力すべき技術の人材は中長期的な投資ととらえられており、ビジネスの成長にあわせて複数年をかけた計画が立てられています。中長期の事業・組織戦略をベースとしながら、毎年、市場動向などにあわせた調整を行うことにより、事業戦略を人材戦略に迅速に反映することが可能となっています。

新たに採用が必要なポジションが生じた場合は、外部採用を行うと同時に社内にもそのポジションのＪＤが公開され、応募を受け付けます。社員に自律的なキャリア形成を促す同社では、社内外の人材に等しく機会を提供することを重視しており、日本に限らず、全世界の空いているポジションのＪＤがウェブ上で公開されており、挑戦することができます。

同社では、ポジションごとに全世界共通のＪＤが存在し、必要に応じてローカルにおいて特定の業界やクライアント等の情報が加味されています。基本的な内容は職務内容や職責を定めた職務責任（Responsibilities）と、求める人材に期待するスキル、バックグラウンドを定めた人材要件（Qualifications）の2つで構成されています。役割が細かく分かれているため、業務範囲や責任範囲はできるだけくわしく書かれています。一方で、ビジネスの変化によって役割は変わりうるため、そのつど事業内容や注力分野を反映した更新が行われています。

優秀な人材の確保のため、魅力的なジョブをデザインすることはマネジャーの仕事です。社内外の自由な労働市場において自組織のポジションを選んでもらうためには、そのポジションでどういう仕事が実現でき、どのようなスキルが得られるかを明確にする必要があります。

日本企業で言われがちな、「ジョブ型にして自由に社員に手を挙げさせると、不人気業務に人が集まりにくいのではないか」といった懸念は見られません。マネジャー・人事部門には業務の魅力を高める継続的な努力が求められ、同時にジョブに応募する個人にも選ばれるためにスキルアップや自分にフィットした機会を探索することを促しています。マイクロソフトで、このポジションで、実現したいキャリアや開発したいスキルは何か、お互いが納得して入社や異動を決め、マネジャーは個々の人材の成功を全力でサポートしています。

仕組みを動かすタレントマネジメント

それでは、ここまで見てきたような人材戦略・ＪＤを作成すれば、ジョブ型雇用のシステムが実現するのでしょうか？　決してそうではなく、同社では、人材戦略・ＪＤなどの仕組みをさまざまなタレントマネジメントの取り組みの一つとして組み込んでいます。それらの前提としては、社員一人ひとりがキャリアオーナーシップを持ち、会社・マネジャーがそれをサポート、機会を提供するする、という考え方があります。

もともと、同社にはキャリアオーナーシップの考え方を持つ人材が集まる傾向にありますが、それでもキャリアを社員自らが考える必要性を繰り返し発信し、キャリアオーナーシップに関するトレーニングを欠かさず行っています。また、個人のキャリアについて、最大かつ身近なサポーターがラインマネジャーです。そして、ジョブをいかにデザインし、人員を配置するか、というタレントマネジメントのオーナーシップの多くが人事部門ではなくビジネス側にあるため、ラインマネジャーには、本人がどのようなキャリアを描き、今後どのように進むべきか、チームメンバーとキャリアに関する対話を定期的に行うことが明確に求められています。

人事部門の役割の一つは、ラインマネジャーのマネジメントスキルを支援することであり、ＨＲＢＰがそれぞれの部門の人事部長として機能し、キャリアやスキルに関する情報を集約化したり、成長が滞っているケースを見つけて提案をしたりするなど、データを活用しながらタレントマネジメントを支援しています。

まとめ

ジョブ型雇用は、個別の施策ではなく、全体のエコシステムとして理解する必要があります。マイクロソフトではまず事業戦略を起点として、それを実現するための組織・ジョブのデザインとして人材戦略・ＪＤが策定され、タレントマネジメントがその仕組みを支えています。キャリアのオーナーシップはそれぞれの社員にあると同時に、それを実現するタレントマネジメントの仕組みは人事部門とビジネスリーダーが共通のオーナーとしてドライブしていきます。

ビジネスリーダーは人事に関することを人事部門に任せきるのではなく、そこに責任を持ちます。同時に、人事部門はそれぞれの部門に対するビジネスを理解した戦略的なコンサルタントとして関わります。ビジネスリーダーと人事部門が、人材戦略について共通のオーナーとして動かしていくのです。グローバルに人気が高く人材採用力が高い同社のアプローチがすべての会社にフィットするとは言えませんが、一つの完成度が高い事例として、大いに参考になるのではないでしょうか。

第4章

導入にあたってのポイント

第1章から第3章では、ジョブ型雇用が注目されてきた背景や概要、ジョブ型雇用と経営戦略の関係について見てきました。ジョブ型雇用・メンバーシップ型雇用はいずれもさまざまな仕組みが組み合わさって成立している一種のエコシステムであり、部分的な導入ではうまくいきづらいという点についても、理解が進んできたのではないかと思います。

スタートアップ企業や新設された戦略子会社がゼロから新たにジョブ型雇用を導入する場合と異なり、既存の仕組みを見直してジョブ型雇用を導入していく場合、企業は人事制度改革特有のさまざまな課題に直面することとなります。本章では、特に難度が高いメンバーシップ型雇用からジョブ型雇用への転換を実現していくうえで、現実的にとりうる選択肢、アプローチについて、くわしく解説していきます。

1 なぜ、人事制度改革は常に難しいのか

必ず生じる「得する人、損する人」

ジョブ型雇用の導入の場合に限らず、人事制度改革や組織機構の改革はほぼ例外なく、その改革の実現によって有利になる人（ウイナー）と既得権を失う人（ルーザー）を生みます。それまでの人事制度とのギャップの大きさや新制度の設計、移行措置ルールにもよりますが、場合によっては役職員全体の３割以上が報酬の増加ないし減少のいずれかを伴うこともあります。筆者による数多くの人事制度改革支援の経験からすると、少ない場合でも１～２割程度の人は何かしらの影響を受けるケースがほとんどです。

報酬面の直接的な増減は各個人にとって切実な問題ですが、ジョブ型雇用の本格的な導入は、それ以外にも重要な影響をもたらします。ジョブ型雇用は、少し大げさに言えば組織運営や人材育成のフィロソフィ、期待されるロールモデル・キャリアパスの転換にもつながります。このため、メンバーシップ型雇用で自社にコミットしている人材が多いほ

ど、報酬だけでなく自らのこれまでのキャリアのあり方を否定されるように受け止めることもあり、心理的な抵抗が増えることにつながります。

特に既得権を持ち、「逃げ切り」が見えつつある40代後半～50代のミドル層が部課長層として組織内の実権を握っている多くの企業では、ジョブ型雇用への改革には大きな困難を伴いがちです。

大変悩ましいことに、このようなミドル層を「抵抗勢力」「岩盤層」と単純に切って捨てることは、決して容易ではありません。むしろ長年の自社へのコミットメントゆえに、この世代の方々はマネジャーや専門職として、豊富な経験や社内外の人脈を活かして会社に最も貢献していることも少なくありません。

彼ら・彼女らのモチベーションが低下するリスクは、将来だけでなく目の前の業績達成という意味でも、経営者にとってとりづらい選択肢です。特に業績が比較的好調な業界や、低成長・低収益に甘んじているものの、長年蓄積してきた顧客基盤や自己資本などのアセットのおかげで当座をしのぐことができる企業では、大規模な人事改革が断行しづらい理由となっています。

改革を断行する会社が、変化の激しい電機業界やＩＴ業界で先行していることは、会社の存亡の機に直面しないと、なかなかジョブ型雇用の導入といった大規模な改革を実行することは難しい、ということを示唆しているでしょう。

やや話が飛躍するかもしれませんが、筆者は、将来的には必要だとみなが思っていても、ただちに大胆な改革を実行できない会社は、悪化の一途をたどる我が国の財政状況や少子化の進展と似た状況であるように思えてなりません。

みなが潜在的に重大な問題だと認識していても、その問題が大きすぎて対処に大変なエネルギーを要する一方、ただちに悪影響が及ばないことからつい放置されがちな問題のことを「ブラック・エレファント」と呼ぶそうです。決して企業の経営陣や人事部門が安易に現状維持に走っているとは思いませんが、会社の将来を真剣に考える経営者や人事部門の諸氏にとって、このジョブ型雇用・メンバーシップ型雇用にまつわる問題に、自社にとっての「ブラック・エレファント」が潜んでいないかどうか、一考する価値は大いにあるのではないでしょうか。

最大の抵抗勢力は役員だった？

ジョブ型雇用の導入に向けた改革実行にあたって、実は一番の「抵抗勢力」が自社のプロパー経営幹部、役員層である会社は少なくありません。

新卒入社から30年、40年と長年その会社に勤めてきたプロパー役員の方々は、いわばメンバーシップ型雇用の仕組みにおける社内のチャンピオン・最大の勝利者です。年齢的には日系大手企業の役員は多くが50代後半〜60代であるため、ジョブ型雇用の導入によって個人として大きな経済的不利益をこうむることは少ないかもしれませんが、これまで培ってきた人事に関する成功体験、持論や哲学が新しい人事制度の導入のさまたげになり、改革が骨抜きになることは決して珍しいことではありません。

会社の将来を憂えて改革を志す若手・中堅リーダーにとって、一番の抵抗勢力・ボトルネックが実は社長をはじめとした経営陣という笑えない状況も、有名大手企業の中でも少なからず見受けられます。

これまでの成功体験が通用する経営環境下では、長年の経験で培った哲学が大いに活用されてしかるべきです。しかし現在、多くの企業は少子高齢化による恒常的な若手・中堅人材不足や人材流動性の増加に伴う企業間の人気の二分化、テクノロジーの進化による産業構造の不連続な変化、グローバル規模での産業垣根を越えた大規模な競争激化といった課題に直面しており、これらのトレンドは今後、ますます加速すると予想されます。これらの経営アジェンダをこなしていくうえで、本当にこれまでの成功体験は役に立つでしょうか。

多くのグローバル企業で近年、ＣＥＯ・経営幹部候補者の選定時に非常に重視している資質の一つが「ラーニング・アジリティ」、すなわち新しいことをスピーディに学び、自らに取り込んでいく能力です。バブル崩壊、リーマンショック、東日本大震災、そしてコロナ禍など、これまで日本企業は数々の困難をくぐり抜けてきました。しかしこの間、多くの業界で、１９９０年代にははるかに小規模だった韓国・中国企業や、大胆な事業再構築で成長を実現してきた欧米企業などに成長率、利益率で大きく差をつけられてきました。

経験・持論に過度に依存することなく、ゼロベースで自社の経営競争力、人材競争力強化には何が必要かを考えていくことが、これからの日本企業には求められているのです。

経路依存性のわな

経済学や歴史学で、「経路依存性」という概念があります。よくキーボード配列の例で説明がされますが、英語で頻繁に使用される母音や子音をより打ちやすい場所にレイアウトして改善されたDvorakという配列や、そこからさらに改善された最新の配列ではなく、タイピング効率という意味では最善ではないQWERTYというキーボード配列がいまも主流として使用されている理由は、タイプライター時代の配列を引きずっているため、と言われます。経路依存性とは、この例のように過去の状況の中でなされた意思決定や選択されたシステムが、すでにそれが最善でない状況でも、現在の仕組みに影響を与えるような作用について説明をした概念です。

第3章でくわしく見てきたように、雇用システムは経営戦略・事業戦略を達成するにあたっての手段にすぎません。組織内の高度なすり合わせ、連携が引き続き重要な産業においては、メンバーシップ型雇用が有効な場合もあるでしょう。しかし単に経路依存性のわなに陥ってメンバーシップ型雇用の維持が有効、と主張するような議論は避けなければなりません。

キーボードの配列であれば、多少非効率なQWERTYのままでも大きな問題はないかもしれませんが（筆者も、すでに慣れ親しんだQWERTY配列から突然別の配列に対応しろと言われたら、大変困惑します）、雇用システムの場合は、経路依存性のわなに陥って競争力を失った会社は、最悪の場合には淘汰される運命にあります。

そして、個別企業が好む・好まないにかかわらず、個社の経営戦略を超えて、技術動向や産業構造によって、ある程度人材競争力につながる望ましい雇用システムが規定される面があります。

例えばグローバルなサプライチェーンの中で大半の企業がジョブ型雇用に基づく機動的な人材管理、組織能力の強化や組み替えを行う業界があった場合、自社のみがクローズド・コミュニティでガラパゴス的に人材を採用・育成しようとしても、きっと無理が生じてくるでしょう。

経路依存性のわなは大変強力であり、並大抵の努力では克服ができません。トップのコミットメントと有能なミドルリーダー、そして現場の理解や賛同が必要です。

改革が頓挫しないために

大規模なウイナー・ルーザーを生む改革ほど、「総論賛成・各論反対」という、これまでの成功体験にとらわれた役員やマネジャーの反対の声は大きくなります。人事改革を志す経営幹部や人事リーダーにとって、そのような反対を乗り越えて本質的なジョブ型雇用の導入に向けた改革を実現していくには、トップのコミットメントが必須である点は言うまでもありません。いくら一部の役員や人事部門が志を持って改革を目指しても、経営トップに困難を乗り越える強い覚悟が定まっていなければ、業績への影響や従業員のモチベーションなどを理由に改革は頓挫《とんざ》してしまうことでしょう。

しかし同時に、強気な施策一辺倒ではうまくいきません。改革の進め方によっては、メンバーシップ型雇用にどっぷりつかった層はモチベーションが低下する一方、ジョブ型雇用のもとでエンプロイヤビリティを高めた人材が会社に愛想をつかして離職してしまい、組織を支える人材がいなくなって会社が中から壊れてしまうリスクもあります。

メンバーシップ型雇用のもとで自社のみで通用する「企業特殊的なスキル」を豊富に身につけ、これからも重要な役割が期待される40代・50代のミドル層に対して、十分に心情的なフォローや処遇面での手当てをすることは大変重要です。それと同時に、また、改革が中途半端に終わり、結局先祖返りしないよう、改革による果実、クイックヒットを早期に実現していくことも大事です。

あらゆる会社には固有の歴史・状況があり、すべてのケースに当てはまる万能の処方箋はありませんが、次項からは、このような困難な道のりを乗り越えていくうえで重要と思われるポイントや選択肢について見ていきましょう。

2　全面的移行と段階的ステップ

全面的なジョブ型雇用への移行

これまで各章で解説してきたように、ジョブ型雇用は従来のメンバーシップ型雇用とは異なるエコシステムであり、骨太な方針やロードマップ、細部に至るまでのていねいな設計や運用を欠いた表面的な導入・部分的な形の模倣（ＪＤの整備だけに注力することなど）では、期待された効果は得られません。導入にあたってはエコシステム全体がジョブ型雇用に対して親和性が高くなるような設計をしたうえで、その実現に向けて経営陣・マネジャー・従業員・人事それぞれの意識転換を図ることが必要です。そういった意味では、全面的なジョブ型雇用への転換は最も難度が高い一方で、一番シンプルで、パワフルなソリューションと言えます。

全面的なジョブ型への移行の最大のメリットは、退路を断つことでシンプルなメッセージを組織全体に行きわたらせることが可能になること、運用の複雑さが他のパターンと比べると軽減され、適切なプロセスで改革を進めることができれば改革の「先祖返り」によって骨抜きとなることを防げることです。

経営危機にさらされた企業において、トップの強烈な危機感から経営機構改革、事業ポートフォリオ再編が実行され、その一環でジョブ型雇用への人事改革が実行されているケースが少なくないことを踏まえると、厳しい道のりながら最も王道的なアプローチとも言えます。

その反面、全面的なジョブ型への移行は、これまでメンバーシップ型雇用にどっぷりつかってきた役職員にとって大きな影響を及ぼし、心情的にも抵抗感があることから、新しい状況に適応するためには物心両面での支援が必要となります。会社の人事方針を信じ、幾多の転勤や異動もいとわずについてきた従業員に対して、あるタイミングで「もう必要ない」と言って放り出す姿勢では、社会的な責任という観点だけでなく、従業員のモチベーション・ロイヤリティという観点でも問題があるでしょう。

一部に誤解があるようですが、ジョブ型雇用＝短期雇用・会社へのロイヤリティ不要ということではありません。ジョブ型雇用できちんと会社横断的に活躍できるスキル・経験を身につけていってもらいつつ、それでもやはり自社が好きだからという理由で必要な人材にはなるべく長期でコミットしてもらう（ただし、これまでよりは多少の出入りがある）状態こそが、ジョブ型雇用でも求めるべき姿です。

ジョブ型雇用への移行が会社に対する求心力・ロイヤリティ低下につながらないよう、これまで会社に貢献してきた人材に対して、市場価値から見てフェアな、しかし配慮のある処遇や配置を行っていくことは、単なる心情的な問題だけでなく、企業価値の維持・向上という観点でも重要です。

段階的ステップの採用

全面的なジョブ型への移行は非常に効果の高いソリューションですが、これまで強固なメンバーシップ型雇用で運営してきた企業にとっては、ジョブ型への一足飛びの転換は容易ではない場合も少なくありません。現実的なステップとしては、役割・貢献に応じた報酬決定を強化することや、公募制の拡充などを通じた従業員のキャリア自律の強化からスタートすることも選択肢となりえます。

金融やＩＴなどの業界では、外資系でも日系企業でも、若手だけでなく中堅層や幹部層を含めて人材の流動化がある程度進みつつありますが、業界によってはプロパー採用が主体で、さほど人材流動性が高まっていないというケースもあります。このような場合には、全面的なジョブ型への転換が、メリットと比較してコスト・リスクが大きくなりすぎてしまうというケースもありえます。

いくら人材の健全な流動性向上や市場価値に応じた適切な報酬決定を目指しても、外部労働市場からの採用や、状況に応じた社外への転出の推奨が実務上難しい、という場合です。例えばエネルギーや交通といった公共性の高いインフラ系業界などのケースがこれにあたります。

そのような場合には、最終的に目指すゴールを念頭に置きながら、外部の競争環境・人材市場の状況も踏まえつつ、これまでと比べると各個人のジョブ・専門性を意識した配置・キャリア支援や報酬決定を強化して、社内労働市場の活性化につなげていくという選択肢も有力です。

3　段階的ステップ、検討の3つのポイント

段階的ステップを採用するにあたり、全面的なジョブ型の採用と比べてどの範囲を変えていくかはケースバイケースですが、検討するにあたって重要なポイントは、①自社が置かれた人材市場の状況、②自社のジョブ型へのレディネス（準備の度合い）、③今後の構造変化・市場の変化に対する見通し――の3点が挙げられます。以下、順を追って見ていきましょう。

ポイント①人材市場の状況

人材市場の状況とは、現在自社が事業ドメインとしている業界、主に雇用する職種群において、どの程度の人材流動性があり、現実的に若手・中堅人材や幹部人材の退職、外部からの採用が行われているか、ということです。

国内でも外資系企業の間ではもともとジョブ型的な雇用体系が主軸で、企業間の人材流

動が見られることは業界を問わず一般的です。日系企業でも金融やＩＴ、プロフェッショナルサービスなどの業界では、特に顧客対応をしているフロント・営業部門、職種固有の高度な専門性が求められる部門（金融のリスク管理部門、ＩＴのエンジニアやプロジェクトマネジャーなど）では、企業を越えてスキルの共通化が図られており、他業界・職種に比べると人材流動性が高い傾向にあります。

このような業界では、ジョブ型を導入することは外部人材の効果的な獲得、専門性を重視したキャリアを求める社内人材のリテンションにつながり、ジョブ型雇用を導入するメリットが大きいと言えるでしょう。

その一方で、例えば寡占的にインフラを提供している企業（エネルギー・交通など）で、同一地域内の転職先が少なく、現実的に人材市場での転職が生じていないようなケースでは、ジョブ型雇用を導入するメリットは相対的に少なくなります。

ポイント②自社のレディネス（準備度合い）

外部環境と同等以上に重要なポイントは、社内の人材におけるジョブ型導入への準備度合い＝レディネスです。もちろん、どんなに社内で抵抗があっても、必要な改革は断行していくスタンスが経営トップには常に求められますが、ジョブ型の導入は企業の雇用システム、人事体系に不可逆な長期的影響を与えますので、その実現に向けて自社の状態をきちんと把握することは、成功確率を高めていくうえで大変重要です。レディネスを評価する際に重要な点は、自社の人員別年齢構成やこれまでのキャリアのパターン、報酬制度などです。

すでに長い間既存のシステムで働いてきた40代～50代の従業員にとって、メンバーシップ型雇用からジョブ型雇用への転換は大きなインパクトをもたらし、かつそれによるマイナスをリカバリーするための十分な時間・機会が与えられないケースも考えられます。

いかに組織トータルで見た改革のメリットを唱えても、不利益を被る従業員個人にとっては、自らが直面する変化がすべてです。その一方で、これから長い間働く必要がある20代～30代の従業員にとっては、企業の生き残りと同時に自らのキャリアを持続可能なものにするうえで、ジョブ型雇用の考え方は、短期的にはインパクトはあっても、長期的にはむしろプラスと判断されやすいでしょう。

また、これまでのキャリアパターンや報酬制度も、どの程度ジョブ型の考え方を導入できるかに大きく影響します。実はブルーカラーの現場では、昔から特定のライン、工程の習熟を通じた昇進・昇格を認めてきました。そういう意味では、適切に職務やスキルに応じた昇給・昇格運用をしてきた会社であれば、一種のジョブ型の考え方が適用されてきたとも言えます。

技術革新のペースがますます速まる中で、今後どのように陳腐化しづらい技術・スキルの習得を促すか、また残念ながらスキルなどが陳腐化した際の要員管理や、事業ポートフォリオ再編にどう対処するかという問題はありますが、ジョブに応じた処遇決定をするというジョブ型の考え方自体は、親和性が高いのです。

ホワイトカラー層でも、大手銀行など職種をまたいだローテーションを積極的に行うところもあれば、製造業など最初に配属された生産管理、購買、経理、人事などの職種ごとに専門性が重視され、実はジョブ型と親和性が高い人事運用がなされてきているケースも少なくありません。

このような企業では、ジョブ型移行による従業員へのインパクトが軽減され、導入も比較的スムーズに進みます。報酬制度も極めて重要なファクターです。ジョブごとの違いはなかったとしても、ある程度役割や貢献に応じた処遇が徹底されている企業では、ジョブ型雇用の導入がやりやすいと言えます。

ポイント③今後の構造変化・市場変化

現時点ではジョブ型導入の必要性が低い業界・企業でも、５～10年スパンで見ると状況が大きく変わってくる場合があります。典型的な例は自動車業界です。ＣＡＳＥに代表される大規模な地殻変動によって、１００年以上続いたガソリンエンジンを前提とした自動車のものづくり、業界構造が大きく変化する中、各社ともに現在の収益基盤である事業を維持しながら、将来の競争力をどう確保するかという、極めて難しい問いに直面しています。

電力や通信・放送のように、かつては高い参入障壁に守られ盤石と思われた業界でも、ここ十数年で大きな競争の変化が生じてきています。構造変化はそれぞれの業界固有の文脈に即して分析されるべきものであり、かつその中でどのようなポジショニングをとるか個別企業の経営戦略によってインパクトは異なります。一般的な傾向を予測することは容易ではありませんが、これまで論じてきたように、ＡＩやＩＣＴの進展とともに20年、30年にわたって安定した収益基盤を確保できるとの確信を持っている企業・業界は大幅に減ってきています。好むと好まないとにかかわらず、変化対応力を高めることが、あらゆる企業に求められていると言えるでしょう。

4　導入へのアプローチ

段階的ステップで導入するパターンとしては、第2章で解説したジョブ型雇用の全体像の中でいくつかのアプローチが考えられます。典型的な観点としていくつかご紹介します。いずれも単独で導入するよりも、できるだけ組み合わせて実施していくほうが、ジョブ型導入という観点での効果は大きいと言えます。

役割・貢献に応じた処遇の強化

これまで職能資格制度をベースに報酬決定をしており、役割・ポジションと報酬にギャップがあるようなケース、役割・職務等級を導入していても実態としては社歴・年齢に応じた年功的な要素のウェイトが大きい運用がなされているようなケースの場合、一足飛びにジョブごとの市場価値に応じた報酬決定をするという仕組みに移行するハードルはかなり高くなります。

このため、まずは社内労働市場の中で、外部市場に比べてマイルドな形で役割・貢献に応じた適正な報酬設定を行うための改革を実施することは有力な選択肢です。

なお、役割・職務等級制度自体は、第1章でも解説した通り、２０００年代初頭から大手金融機関や大手メーカーなど多くの企業で導入されてきています。しかし実態面を見ると、上述のように年功的なポジション登用、同一等級でも一定の報酬の幅があり年齢・社歴によるギャップが大きいケースなども見受けられます。形式的ではなく、実態を踏まえたうえで、どのような仕組みへの移行が可能かを検討することが重要です。

公募制の拡充、強化

社内で空いているポジションに対して異動希望者を募る公募制度（ジョブ・ポスティング）を採用する企業は近年増えてきました。しかし運用実態としては、全体の異動の中でごく少数に限られ、運用が形骸化している企業も少なくありません。これは、メンバーシップ型雇用とキャリア自律の考え方の相性が悪く、やや無理がある中で導入しているケー

図表 4-1
役割別報酬レンジ給の設定

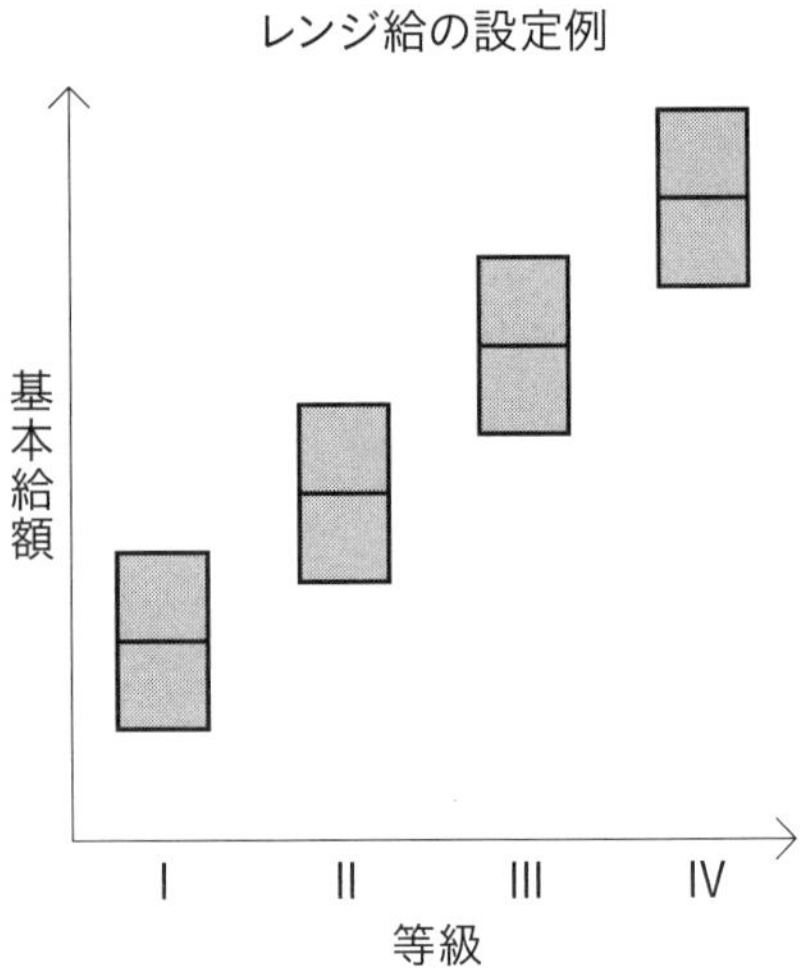

スが少なくないためと考えられます。

しかし、今後ジョブ型雇用を導入していくと、これまで論じてきたようにキャリアの主導権を従業員個人が取り戻し、会社や人事部門はあくまでも個人のキャリア自律のサポートをする、という立場に変わっていくことが期待されます。そのような中で、社内労働市場を活性化させ、従業員の希望を重視する公募制の拡充は大変重要な施策です。

なお時折、公募制だと人気がない部署に行く人がいなくなる、特定の部署に希望者が殺到した場合はどうすればよいのか、といった質問を受けることがあります。誤解があるようですが、公募制はあくまでも社外採用と同様に社内に対してもフェアなキャリア機会を提供することが趣旨であり、公募ポジションに手を挙げることは、いわば社内転職活動です。受け入れ部署の書類・面接審査を経て期待を満たさないとなれば、当然マッチングせずに外部の候補者を採用する、ということもありえます。

相対的に人気がない部署であれば、かえって昇進するチャンスが多いかもしれないと、逆張り戦略を狙う若手・ミドルが出てきてもおかしくありません。

社内労働市場の活性化はジョブ型導入の重要なステップです。仕組みを整えるだけでなく、全社的に重要な戦略部署への異動を公募にするなど、象徴的な取り組みも行いながら、公募制を通じた異動を全体的に増やしていくことが重要です。

報酬設定の柔軟性の強化

役割・貢献に応じた報酬決定がある程度進展している企業において、ジョブごとの個別の報酬レンジ、市場ベンチマークの設定までは実施しないにしても、ある程度報酬レンジを広く設定し、市場価値が高いジョブについては外部採用時や内部からの登用時に、十分な報酬面の市場競争力を担保できるようにする、というアプローチがあります。

ラインマネジャーや人事部門がある程度柔軟に報酬決定できるような仕組みを取り入れたうえで、例えば事業開発や知財、法務といった市場価値が高く人材流動性も高い特定のジョブに限定して、高めの報酬設定や昇給額の設定を行い、業務負荷を軽減しながら市場競争力を向上させるという意味では、実際的なアプローチの一つです。

年金・福利厚生の見直し

人材流動性を強化し、企業と従業員の関係を、過度に相互依存的なものから、お互いにそのつど適切な価値を交換し合う関係にしていく。そのために、流動性促進を阻害している退職金・年金制度や住宅などの福利厚生制度の見直しは重要です。

特に退職金・年金が積み上がってきている40代以上の従業員にとっては、長期勤続者に有利な退職金税制ともあいまって、自社への引き留めの強いインセンティブとなっていることは少なくありません。住宅についても、特に全国転勤が多い大手企業では40代まで有利な社宅制度があり、転職すると住居費負担が重くなるので辞めにくい、といったケースが見受けられます。

人材の囲い込み・リテンションという観点では有力な手段ですが、裏を返すとこの仕組みに則って長くコミットした従業員に限定して支払われるものであり、例えばすでに住宅を保有しており社宅制度にメリットを感じない外部人材にとっては、意味が薄いものです。

トータル人件費の適正な配分という観点では、多額のコストがかかっている退職金・年金制度や住宅制度を見直し、その分を現金報酬や、多様な人材に報いることができるベネフィット制度などの原資に持っていくことで、外部採用競争力を強化する、といったことも考えるべきでしょう。

なお、福利厚生は一律にすべて廃止して現金報酬に持っていくべき、と主張しているわけではありません。これからの報酬制度においては、従業員の社歴・バックグラウンドによらず、全社的にエンゲージメントを高めていくために効果的に福利厚生を活用するという観点も重要です。

例えばグローバル企業では、年に1回のボランティアを奨励し、それに伴う費用を補助するケースや、希望する任意のNPOに寄付をすると、企業側も同額をマッチング寄付するなど、お金にメッセージ性を込める形で、自社に帰属することの意味合いや喜びを高めていくことを狙った仕組み・仕掛けが、近年むしろ重視されてきています。

自社の従業員のエンプロイヤビリティを高め、人材流動性を向上させつつ、同時に適切な人材引き留めを図ることをどう両立するかが、これからの企業には問われていると言えます。

図表 4-2
独自施策によるエンゲージメント強化事例

種類	会社名	取り組み内容
多様性に関するポリシー実践	アクセンチュア	● 希望があった場合、人事情報（性別）の更新が可能 ● ジェンダーフリートイレ整備、同LGBT社員によるメンター制度など
目的意識・存在意義への訴求	エアビーアンドビー	● 世界中のエアビーリストへの滞在費として1人2000USドル／年を支給
	バートン	● 自社スノーボード製品割引購入、降雪日休暇、スキー場リフト代支給
多様な経験機会への支援	セールスフォース・ドットコム	● 年6日間のボランティア休暇・約10万円の寄付手当が取得可能
健康・心理的幸せへの支援	ツイッター	● 社員負担無料で1日3食の食事、鍼治療サービスが取得可能
	マーシュ・マクレナン	● コロナ禍での心身の健康維持のため、オンライン・ヨガやセラピーなど多様な無償コースを提供
メッセージ性のある福利厚生	アップル	● 不妊治療費（1万5000USドル）や卵子凍結費用（2万USドル）支給
	PwC	● 社員の奨学金返済を年間1,200USドル援助

出所：公開情報に基づきマーサー作成

5 複数の仕組み・ポリシーの並行活用

企業によっては、既存の事業・組織へのインパクトを考えるとジョブ型雇用の導入はハードルが高すぎるケースや、現状の事業環境ではかえって競争力の毀損につながるリスクが大きい場合もあるでしょう。しかしあらゆる産業で破壊的イノベーションが進展し、いつ到来するかわからない中で、安定事業の収益維持と新規事業の追求といった、いわゆる両利きの経営を人事面においても実現していくことは大変重要になります。

このような場合、グループ内にジョブ型雇用を導入して従来と異なる人材を採用・処遇する戦略子会社を設立することや、自社内にまったく別の雇用ポリシーの職掌・コースを設置し、その中で特定の職種や専門性を有する人材の採用・処遇を行うようなアプローチも考えられます。ここでは2つのケースについて解説をしていきます。

戦略子会社を設立する場合

自社には従来いないタイプの人材を獲得・処遇するために、新たに戦略子会社を設立したり、グループ会社の一部をそのような位置づけにして人事制度を作り替えていくケースがあります。ほぼゼロから新たに作るため、既存の従業員への影響を気にすることなく、大胆な報酬設定、柔軟な仕組みを取り入れやすいという点が最大のメリットです。

ジョブ型という言葉が話題になる前から、ここ数年、大手金融や製造業、大手広告代理店などがＩＴ戦略や新規事業を担う子会社などを設立する動きが目立って活発になってきました。

特にＩＴなどの領域では、機械学習のソフトウェアエンジニアなどに代表されるように、人材獲得競争は国内だけにとどまりません。優秀な人材は新卒からＧＡＦＡなどグローバルＩＴ大手と取り合いになることもあります。

一般的には子会社採用よりも親会社採用のほうが採用競争力は高くなりますが、技術系人材の場合は、親会社で採用することが、必ずしも候補者にとって魅力とは映りません。むしろ、規模が大きいことや伝統があることが、年功的で昇進・チャレンジの機会が少ないことなどを連想させ、ベンチャー企業や外資系などとの採用競争に競り負けてしまうことも少なくないのです。

そのような場合、戦略子会社を設立し、ITエンジニアなどのような専門人材にフィットした処遇体系、キャリア機会を提供することが有効です。高度専門職に対しては、必要に応じて親会社より高い処遇水準を設定できるようになるほか、フラットな組織階層や柔軟な評価・報酬決定ルール、キャリアパスなど、小規模組織ならではのいろいろな実験的取り組みも導入しやすくなります。

複数の職掌やコースを設置する場合

さまざまな職種や事業部門において幅広く多様な人材を採用・処遇したい場合には、子会社設立ではなく、専門職掌・コースを設置するという方法もあります。

例えば銀行・証券・資産運用といった金融プロフェッショナルが集まる業界では、20年以上前から日系企業と外資系企業の間での人材流動性が高まってきています。以前は日系から外資系という一方向だったものが、現在では外資系証券から日系証券へ、といった人の流れも増えてきています。このようなプロフェッショナル人材の受け入れを支えているのが、複数の職掌・コースで人材を採用・処遇する仕組みです。

手厚い福利厚生が特徴の大手金融機関は、世間一般からすると高待遇であっても、外資系金融機関（特に欧米系投資銀行など）と比べると、一般的に報酬水準では見劣りしていました。高報酬の見返りに高度な知力・体力が求められ、30代・40代が仕事のピークとなる金融業界では、やりがいや安定性だけでは十分に優秀な人材のリテンションが図れません。

このため投資銀行部門やマーケット部門、リサーチ部門など、市場価値や人材流動性が高い部門においては、近年は外資系と同等か、それに近い水準を提供する専門職掌・コースを設置する会社は増えてきています。また、大手メーカーなどでも、事業開発・M＆Aやマーケティング、知財・法務など高度な専門性が求められ、社内だけで十分に人材確保ができない職種を対象に、専門コースを設置し、通常より高い処遇を柔軟に設定するアプローチを採用するケースが見られます。

このような専門職掌・コースを設置する場合の留意点は、「リスク・リターン」のバランスを適正化し、きちんと役割・貢献を評価する仕組みや体制を社内に整えることです。市場価値が高い高度専門職と言っても、全員が高いアウトプットで貢献できるとは限りま

**図表 4-3
専門コースの報酬レンジ設定**

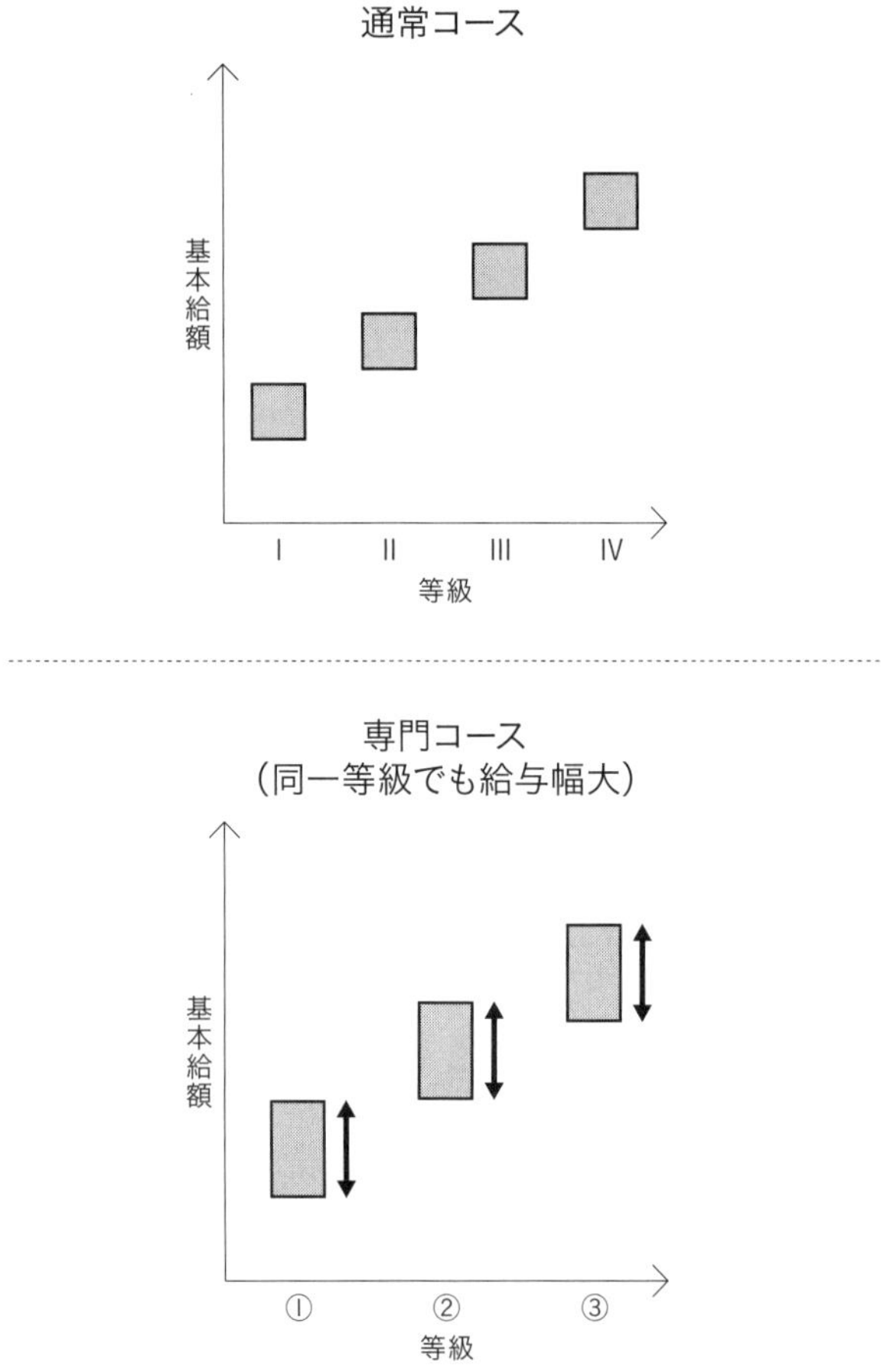

せん。高待遇で処遇するからには、適切な仕事ぶり・アウトプットに対する評価が求められますが、メンバーシップ型雇用と同じ感覚で評価してしまい、単に貢献に対して処遇が高すぎる状態が放置されると、社内からの不満が大きくなります。

特に専門コースの人材をメンバーシップ型雇用に慣れ切ったマネジメントが評価、処遇決定しようとする場合には、そういった人材に対処する十分な人事リテラシーがなく、管理に問題が発生するケースは少なくありません。

また、社外の優秀人材から見て、トータルで十分に魅力的なパッケージとなっているかという点も大変重要です。外資系企業やコンサルティングファームなどから高度専門人材を採用するときに、「プロ人材は転職が普通だから、採用ミスをリスクヘッジするためにも高待遇の代わりに有期雇用で採用したい」といったご相談を受けることは少なくありませんが、これは極めて内向きな、ムラ社会的発想と言えます。

役員クラスの人材と委任契約を結ぶようなケースはともかく、雇用の安定性が相対的に低い外資系企業やコンサルティングファームでも、日本国内の採用で有期雇用契約を主体とすることは、一部の特殊なケースを除いてほとんどありません。

他に選択肢が豊富にある中、優秀な人材が、わざわざ有期雇用契約でそういった会社に入社する理由はあるでしょうか。他の条件が同じであれば、よほど報酬が高い・魅力的なキャリア機会があるといった理由がなければ、あえて選ぶ人はいないでしょう。中途人材に対して排他的な組織で、中途人材が活躍できる素地は少ないだろうと、値踏みされてしまうのが関の山です。

また、単に処遇面だけを市場に合わせるのではなく、プロフェッショナルとしてきちんとキャリアを積んでいけるような環境・機会が整備されているかどうかも重要です。専門職掌・コースを設定する際には、つい内部公平性が気になりがちですが、第一には、必要な人材を採用・維持できるかどうか、自社のパッケージが外部人材から見て魅力的かどうかを念頭に置く必要があります。

6 ジョブ型雇用を支える業務・機能・インフラ改革

人事部の権限を事業部門に渡す

ジョブ型雇用の導入は、メンバーシップ型制度が強固な会社にとっては、人事部門の役割・機能の大きな転換となります。業界や各社の歴史に応じて程度の違いはありますが、実は日本企業の人事部門はこれまで、メンバーシップ型雇用の守護神として、他国企業と比べて強大な権限を持っていることが少なくありませんでした。

部長未満の人事異動権限を人事部長が有するケース、評価調整という名のもとに実質的な評価権限を独占しているようなケースも多く見られます。これに対して、外資系企業の人事部門は人事サービス部門の色彩が濃く、事業ラインの人事権を人事部門自体が有している事例は稀です。

ジョブ型雇用においては、導入する仕組みにもよりますが、基本的には人員配置や評価・報酬決定といったこれまでの権限の多くを、ラインマネジャーや従業員個人に渡していくことが求められます。これまで社内で強大な権力を持っていた人事部にとって、このことは容易ではないでしょう。

しかし、経営競争力強化、人材競争力強化という観点で、どのような企業が今後優秀な人材から選ばれ続けるのか、市場で勝ち続けられるかを再検討し、ぜひ優秀で志を持った人事パーソンのみなさんが率先して、改革をリードしていくことを期待しています。

ラインマネジャーの能力開発

ラインマネジャーに報酬決定、評価調整など多くの人事権限を委ねていくには、その前提としてラインマネジャーが十分にその能力を持っている必要があります。

日本企業のラインマネジャーは、これまで評価の決定権限はあっても、昇給や賞与金額を決める権限はないのが一般的でした。

これは、中央集権コントロールで社内公平性を担保するうえでは重要な仕組みでしたが、結果的に日本企業のマネジャーの人事に関する調整能力、人事リテラシーを奪うことにつながりました。

これからジョブ型雇用を導入していくにあたっては、抜本的な能力の強化が必要になってきます。海外駐在の際に、現地の雇用慣行、要求が多く条件次第で競合企業に移籍してしまう従業員に面食らった日本企業のマネジャーは少なくないでしょう。

この問題は鶏と卵、すなわち能力が足りないから権限を渡せない、権限を渡されないからマネジャーとして成長しない、という面もあります。

しかし、そのような状況を打破するためには、思い切った権限委譲と同時に、マネジャー全体の人事リテラシーの底上げを図らなければならないのです。人事リテラシーが低く適性のないマネジャーのふるい落とし・退出を図るアメとムチの施策が必要になってきます。

人事ビジネスパートナー機能強化を支えるＩＴインフラ

ラインマネジャーに権限を渡していくと、これまでに比べてより多くの人々が評価調整や報酬決定、人事異動に関与することとなります。それを支えていくうえでは、やはりクラウド上でコンフィデンシャルな情報を安全・効率的に扱うことができるＩＴインフラが重要になってきます。

従来、日本企業ではメンバーシップ型雇用の人事思想と、欧米企業の人事業務フローの前提となっている人事思想にギャップがありすぎるために、海外発の人事クラウドシステムが業務フローにはまらない事例は多数ありました。

トップの号令で導入を決めたものの、結局膨大な費用をかけた挙句に、既存の業務フローとの違いを埋め切れずに頓挫したり、タレントマネジメントについての部分的な導入にとどまっているようなケースは、枚挙にいとまがありません。しかしジョブ型雇用の導入によってラインマネジャー主導でのキャリア開発支援や報酬決定が主流となってくると、そのような思想と親和性が高いＩＴシステムを導入しやすくなります。人事部が中央集権的にコントロールしていた時代と異なり、多くの関係者が意思決定に関与する中では、どのようにそういったシステムを入れていくかが大変重要なポイントの一つといえます。

事例3

日立製作所
――グローバル共通の人財マネジメント改革

株式会社日立製作所　基本情報
業種：電気機器
売上：8兆7672億円（連結／2020年3月期）
従業員：30万1056名（連結／2020年3月）

事業戦略を実現するための人財マネジメント変革

（同社では人材を「人財」と表現しますので、それにならって本コラムでは「人財」を使用しています）

本書で強調してきたように、ジョブ型雇用への転換は一朝一夕にはできず、マネジメントシステム全体の変革を伴います。日立製作所は、2010年代初期から改革に取り組んできました。

2009年に過去最大の赤字を計上したことをきっかけとして、同社の事業は社会インフラをはじめとする幅広い領域において、高度なＩＴを活用し、さまざまな社会課題を解決する「社会イノベーション事業」をグローバルに提供する方向に大きく舵を切りました。グローバル社会の多様な問題を解決するためには、年齢や属性によらないより多様な人財・社会や顧客の課題を的確に捉え、解決策を考えることができる人財が求められ、「多様な人財の多様な働き方」を実現するためのグローバル共通の人財マネジメントへの変革が必要となります。また、当時、グループ・グローバル共通の人財プラットフォームがなく、事業推進の前提となる情報把握にも時間がかかる状況でした。

そこで、２０１１年、中西社長（当時）は各国の人事トップを集め、〝グローバルメジャープレーヤーへの転換〟を成し遂げるため、「グローバルで共通の人事制度を作ろう」と号令をかけました。トップの強いコミットメントのもと、事業変革という経営目標を実現する手段として、以後同社の人財マネジメント変革が進んでいきます。

これまでの変革の経緯を簡単にまとめると、次の通りです。

- ２０１２年度：25万人の人財情報をデータベース化した「グローバル人財データベース」を構築

●２０１３年度：全世界のマネジャー以上の5万ポジションを、グループ統一基準で評価・格付けする「日立グローバル・グレード」を導入

●２０１４年度：個人と組織の力を最大化し事業目標達成に貢献する「グローバル・パフォーマンス・マネジメント」を導入するとともに、日立製作所のマネジャーについては、日立グローバル・グレードとグローバル・パフォーマンス・マネジメントを報酬制度に連動

●２０１７年度：社員のスキル、経歴、評価などを共有する「人財マネジメント統合プラットフォーム」を導入開始（２０１９年度で14万人が登録完了し、２０２１年度にグループ社員ほぼ全員の約30万人を登録予定）

●２０２０年度：職務記述書（ＪＤ）の整備に注力し、全職種について階層別に標準ＪＤ（約４００種類）を作成（２０２１年度導入）

グローバル共通システムで「職務と人財の見える化」を支える

同社がジョブ型雇用への移行によってめざすのは「イノベーションを生む組織と人財の実現」であり、そのためには職務と人財の見える化が不可欠である、ととらえています。

すなわち、会社からは必要な仕事・スキル・育成計画を明示し、個人の側でもやりたい仕事・保有スキル・キャリアプランを明確にしてコミュニケーションをとることで、仕事を起点とした対等な関係ができ、双方のパフォーマンス最大化につながる、ということです。

その基盤となったのが、人財マネジメント統合プラットフォームでした。２０１２年当時のデータベースはオリジナルのプラットフォームで、グレード・名前などの基本的な情報に限られていましたが、現在はワークデイを用い、個人のスキルやキャリア志向、評価・報酬情報など、タレントマネジメントに活かせるような情報が掲載されています。

例えばマネジャーが特定のスキルを持った人を検索したり、部署やグループ会社の垣根を超えたチームで仕事をする際に互いのバックグラウンドを知り、コラボレーションに活かせるような情報もスピーディにとりやすくなりました。

システムの設計にあたっては、２つポイントがありました。一つは、グローバル標準でのシステム構築です。事業がグローバル化している中、システムのローカライゼーションを進めるほど事業の実行に必要な人財情報がとりにくくなるため、グローバルで人財情報を収集し活用するプラットフォームを統一することに力点が置かれました。

２点目は、人財に関する最新の情報をグローバルに常時提供できるようにすることです。データベースの最上流をグローバル共通のプラットフォームとし、そこで入力したデータを給与計算などのローカルのシステムに必要に応じて連携する仕組みとすることで、ローカルのシステムにインプットしたデータをグローバルのシステムに連携させる方式よりも速く、正確に情報を提供できるようになりました。

プラットフォーム構築にあたっては、グループ会社から、既存のシステムとの統合が難しいとの声や、構築後にコーポレートから人の情報が見えることで、引き抜かれるのではないかといった懸念があがり、抵抗も大きかったといいます。しかし、グループ共通で人財マネジメントを変革するという強い決意のもと、その基盤を実現すべく、日立グループ社員ほぼ全員の登録に向けて現在も取り組みを進めています。また、今後は構築したプラットフォームの活用をさらに進め、チームのマネジメントや人財育成などに活かしていくことが課題となっています。

人財部門の役割改革

同社は、なぜこのように大規模な改革を粘り強く進めることができたのでしょうか。一つには、既述の通り、実現すべき経営目標への強いコミットがあり、「何のためにやるのか」をトップが繰り返しマネジメント・従業員、また社外も含めて伝えてきたことが挙げられます。ここでもう一つ強調すべきは、改革を主導する人財部門自らも変化を遂げてきたことではないでしょうか。

従来、人財部門は70％を管理的業務が占めており、組織内の管理・調整という役割がメインでした。しかし、ジョブ型雇用への変革に向け、事業のラインマネジャーが人財マネジメントによりいっそう責任を担っていくようになると、ビジネスラインに対して、各事業戦略に根差したソリューションを提供する、という役割が求められます。

そこで、同社は戦略型・課題解決型業務の比率50％超をめざし、組織改革、業務見直し、また人財部門のスキル・マインドセットの改革を実行しました。具体的には、既存の人財部門の各組織に、ビジネスパートナー（BP）、センターオブエクスパティーズ（COE）、シェアードサービス（SS）の役割・機能を割り振りました。

BPには、幅広い事業（エネルギー、IT、鉄道など）を展開する同社において、担当する事業を十分に理解し人財面の課題に対応することが求められます。制度企画を担うCOEには人事制度に関する高度な専門性が、制度運用を担うSSには効率化の追求が必須となります。２０２２年の４月からは、事業戦略を理解しソリューション提供を担うＢＰのみを残し、残りの機能は集約化することが予定されており、これらの継続的な自己変革が、人財マネジメント変革の推進力になっていると言えるのではないでしょうか。

まとめ

同社の事例は、ＪＤをまず作ってみる、といった枝葉の施策ではなく、グローバル共通の基盤整備や人財部門機能改革といった骨太の取り組みです。その背景には、社会イノベーション事業をグローバルに展開することで社会に貢献する、という大きな目標があり、目標を遂げる手段として、根幹からの改革に取り組んでいることがうかがえます。

第5章

ジョブ型雇用がもたらすもの

第4章までで見てきたように、メンバーシップ型雇用からジョブ型雇用への移行はエコシステム自体の大きな入れ替えを意味しますので、会社組織の中でさまざまな改革や意識の変革が必要となります。しかし、改めて振り返ってみると、第二次大戦後から今日に至るまで、雇用のあり方や人材マネジメントの手法は、その時代に即した形に変貌を遂げてきました。

メンバーシップ型雇用は日本の高度経済成長を支え、日系企業の差別化要因となった「習熟、すり合わせ、改善を通じた品質・コスト競争力の強化」を可能にし、個人に対して雇用の安定をもたらしました。当時の日本の社会、経済の状況にベストマッチした雇用形態だったと言えるでしょう。

しかし近年、メンバーシップ型雇用を採用してきた日系大手企業の中でも、終身雇用を守ることが難しくなっていることを認め、ジョブ型雇用へと舵を切るところが出てきています。また、個人、特に若手層の意識としても、「会社の将来性」を重視するよりも、「能力・個性が活かせる」「仕事のおもしろさ」「技術が身につく」といった仕事に関連する項目、すなわち、自らのエンプロイヤビリティ向上につながる項目を重視する傾向が強まっています。

図表 5-1
新入社員の意識（会社の選択理由）

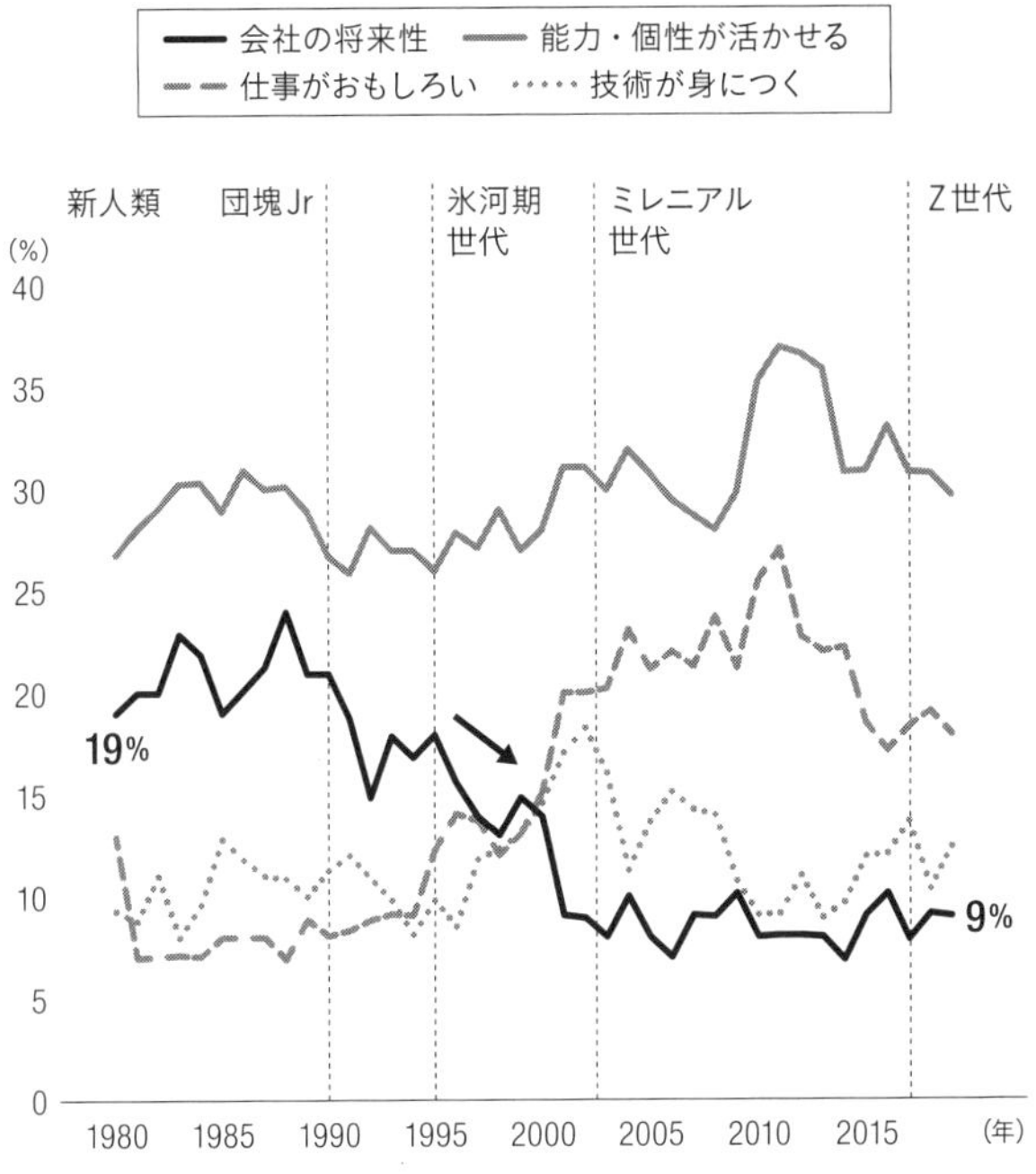

回答は、「最も当てはまる」を択一で選択。上位項目のみ抜粋。
対象者は各年度の新入社員（2019 年度は 1,792 名）。
回答者の世代区分は、回答者の平均年齢と回答年度に基づく推計。
新人類は 1961 年〜1970 年生まれ、団塊 Jr は 1971 年〜1973 年生まれ、
氷河期世代は 1974 年〜1982 年生まれ、
ミレニアル世代は 1981 年〜1995 年生まれ、
Z 世代は 1996 年〜生まれとしている。

出所：日本生産性本部「平成 31 年度新入社員『働くことの意識』調査報告書」より
マーサー作成

メンバーシップ型雇用の限界や負の側面が明らかになりつつある今日、私たちは過去のノスタルジーに引きずられるのではなく、新たな雇用のあり方がどうあるべきか、そして、これからの日本、企業、個人にどのような変化をもたらすのかについて考え、一人ひとりが意識と行動を変えていくことが求められています。

本章では、これまでの各章の内容を改めて整理し、ジョブ型雇用が経営者、管理職・人事部、個人、そして政府にどのような影響を与えるのか、各ステークホルダーにとっての意味合いや、今後求められる対応について解説していきます。

1 経営者にとってのジョブ型雇用

ヒトというリソースの制約から解放される

ジョブ型雇用が経営にもたらす最大のメリットは、第3章でくわしく解説したように、「経営や事業に必要な人材をそろえやすいこと」です。

ジョブ型雇用においては、戦略に基づいて組織を設計し、その組織に必要なジョブを定義し、ジョブにマッチする人材を社内外から調達することとなります。構成員が固定しがちなメンバーシップ型組織の経営者は、ヒトありきの戦略立案とならざるを得ません。一方、ジョブ型雇用を採用する組織の経営者は、ヒトというリソースの制約から解放され、外部の事業環境や競争環境を洞察し、会社のあるべき姿や目指すべき事業戦略を描くことが可能になります。

ただし、そのようなジョブ型雇用の本来の機能が発揮されるためには、人材流動性の高い労働市場が形成されていること、そして個人のキャリア自律の意識が高いことが前提となります。

したがって、多くの業界・職種で労働市場の人材流動性がいまだ低い状態にある日本においては、会社主導で異動や配置を決め（＝個人のキャリア自律の意識が低い）人材を柔軟に配転させることのできるメンバーシップ型雇用の方が、外部環境の変化に対応しやすいのではないかという考えもあります。

しかし事業環境の変化が速く、かつその度合いが大きい場合、それに伴って、事業ドメインの再定義やビジネスモデルの変革、戦略の変更などが必要となります。残念ながらメンバーシップ型雇用下の人材再配置で対応ができないほどの変化に直面し、経営不振に陥った結果、早期退職を実施し、企業も個人も多大なコストを払う事例は数多く見受けられます。

事業成長へのプレッシャー

ジョブ型雇用において事業に必要な人材を社内外から調達するということは、すなわち、必要人材を外部から確保し、優秀人材をリテンションし、さらに既存社員のリスキル・スキルアップを促すことを意味します。

一般的に、メンバーシップ型組織の同レベル同職種のポジションの報酬水準に比べて、ジョブ型雇用を採用する会社の報酬水準は高くなる傾向がありますので、会社全体で見ると、人件費の増加圧力がかかります。こういった人件費の増加をうまく吸収しながら、かつ優秀な人材の獲得・リテンションを可能にするために、経営者に求められることは、まずは持続的な事業成長、さらに稼ぐ力を高めることです。

経営者であれば当たり前のことではないかと思われるかもしれませんが、近年の一連のコーポレートガバナンス改革の背景に、多くの日本企業の低成長・低収益体質があることを考えれば、会社の稼ぐ力を強化し、高収益な体質を作ることは経営者にとって大きなチャレンジであると言えます。

また、ジョブ型雇用においては、社内外から人材を調達しやすくなるため、事業の低成長や不振の原因を人材の質的・量的不足のせいにすることはできません。ジョブ型組織の経営者は、事業環境の変化を見抜き、中長期的な戦略の策定や事業ポートフォリオの組み替えによる利益の追求に専念するとともに、稼ぐ力を高めるために組織内の余剰（人材を含む）や無駄を省くことにも注力していくことになります。

雇用保障が重視されるメンバーシップ型組織の経営者に比べて、ジョブ型組織の経営者は、戦略の実現に専念できる分だけ、事業成長へのプレッシャーも大きいと言えるかもしれません。

社員の価値観が多様化している

ジョブ型組織の経営者に求められるのは、事業成長だけではありません。事業成長や高収益を実現している組織においては、社内外の人材に対して、競争力のある報酬や福利厚生を提供することができますが、それらは労働者にとっての訴求価値の一部（契約面の訴

図表 5-2
社員への訴求価値
(Employee Value Proposition)

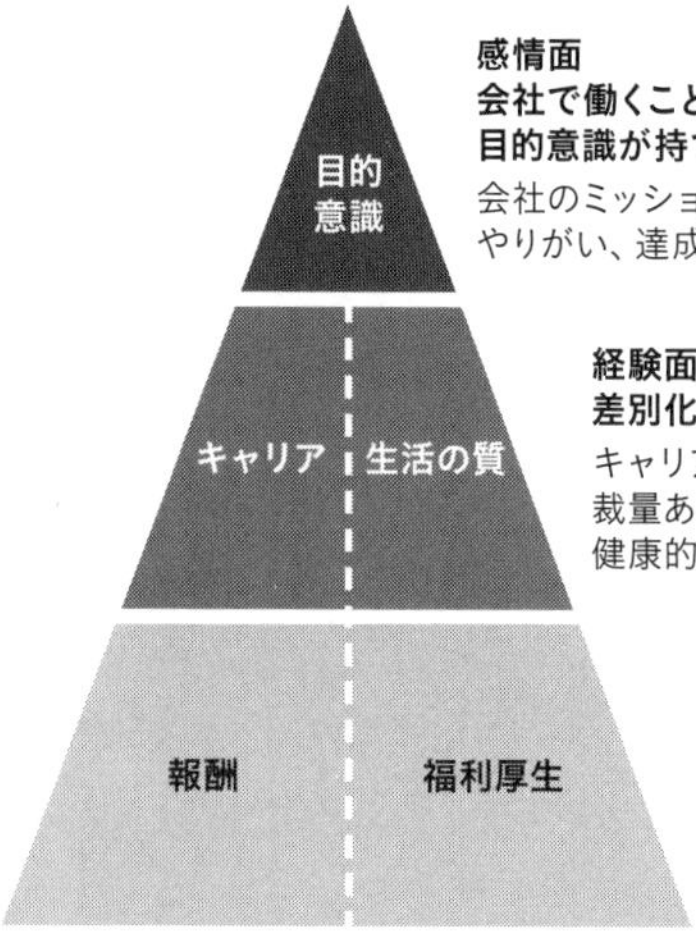

感情面
会社で働くことに対する
目的意識が持てる
会社のミッション・ビジョンへの共感、
やりがい、達成感、仲間への帰属意識等

経験面
差別化された経験ができる
キャリアの進展、
裁量ある働き方、
健康的／経済的／心理的な幸せ等

契約面
競争力ある報酬・福利厚生
が得られる
他社に比べてより良い報酬、
健康維持や資産形成の
支援等

出所：Mercer, 2018, "Thriving in an Age of Disruption ~Putting People at the Heart of Change~"（創造的破壊の時代に組織はどう成長するか？ ～人を、変革の要に～）Whitepaperより作成

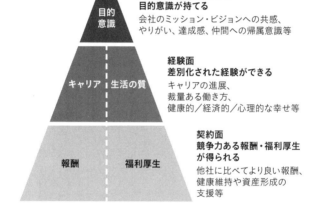

求価値）でしかありません。

近年、社員にとっての訴求価値は多様化しています。社内外の人材がその会社で働きたい、働き続けたいと思うかどうかは、雇用契約上の条件だけでなく、その組織において、自分のキャリアの進展を助けてくれるような経験ができるか、柔軟かつ裁量のある働き方ができるかといった「経験面の訴求価値」も重視されるようになってきました。また、その会社のミッションやビジョンといった目的意識に共感できるか、やりがいがあり、達成感のある仕事ができるかといった「感情面の訴求価値」も重要な要素となっています。

ジョブ型雇用においては、人材の流動性が高まるため、優秀な人材のリテンションを図ること、また、社員のエンゲージメントを高めることが不可欠となります。社員が一つの会社で働き続けてくれることは、当たり前ではありません。経営者は、多様化する社員の価値観を理解したうえで、次のような行動をとること、または仕組みを整備することが求められることとなります。

メッセージを発信し、社員を惹きつける

まずは、企業のミッションやビジョン、さらに戦略目標を、経営者自身が自分の言葉で

明確に、かつ繰り返し社員に説明すること。そしてさまざまなステークホルダーに向かって発信することです。

ジョブ型雇用下においては、多様な価値観やバックグラウンドを持つ人材が、さまざまな意図を持ってその組織に集まります。このような多様な人材からコミットメントを引き出しその力を結集するためには、組織の目的や目標をきちんと言語化し、その構成員一人ひとりにその意味合いを理解してもらわなければなりません。また、その組織で働くことは社会的に意義のある活動に参画することである、というメッセージを発信することにより、社外から人材を獲得することにつながります。

ジョブ型組織の経営者は、組織のミッションをわかりやすく説明するだけでなく、あるべき組織風土の醸成やその中での人材の成長を促す必要があります。

その会社が提供できるキャリア形成の機会とはどのようなものか、他社と差別化できる経験とは何なのか、中長期的な視点から組織内にどのような育成ニーズがあるのか、そして、それらの機会や経験を後押しするような協力的かつオープンな組織風土が醸成されているか、人の成長を促す仕組みが構築されているか——経営者はこうした点を具体的に把握し、必要な施策をリードしていかなくてはいけません。

つまり、ジョブ型組織の経営者は、１００％の雇用保障をしなくてはならないという意識からは少なくとも理念的には解放される一方で、会社の方向性を明確に示すことで社員の力を結集し、事業を成長させ、社員がチャレンジ・成長できる機会を提供し続けることが求められるのです。

2　管理職・人事部にとってのジョブ型雇用

管理職（ラインマネジャー）の6つの役割

メンバーシップ型雇用からジョブ型雇用への変革は、人材管理の主体が「人事部門」から「ラインマネジャー」へシフトすることを意味しているため、管理職、特にラインマネジャーの役割は大きく変化します。

メンバーシップ型雇用におけるラインマネジャーは、部下を動機づけ、コミュニケーションを図り、評価する一方で、部下のモチベーションダウンにつながるようなフィードバックや改善点の指摘は避ける傾向があります。それは、先輩・後輩の関係を維持しながら、長年にわたり同じ会社の中で働くことが前提となっているメンバーシップ型組織においてはある程度仕方のないことなのかもしれません。

これに対して、ジョブ型雇用におけるラインマネジャーは、要員計画を立案し、人材を調達し、報酬との結びつきが緩やかになる評価制度を、業務の進捗管理や部下の育成のために活用するようになります。ラインマネジャーにとって評価制度は処遇決定のためのツールというより、マネジメントツールそのものになるのです。

このような違いを踏まえると、ジョブ型雇用におけるラインマネジャーの役割は、大きく以下の6つに整理されます。

①会社の事業戦略を実現するために、そこから階層的に下ろしてきた自組織の目標（方針や数字を含む）を策定し、その目標を達成するために必要な要員計画（役割×職種×人件費という要素を含む）を立案すること

②自組織の中にいる人材で、初期の役割分担や体制を検討するとともにジョブを定義すること。また、必要に応じて、新たに社内外から人材を募りたいポジションのジ

ョブを定義すること

③定義されたジョブに基づき、社内外から人材を募り、ラインマネジャーが採用面接を行い、募集ポジションについて人材を調達すること（人材をそろえる責任は一義的にはラインマネジャーにある）

④定義されたジョブの範囲や個人ごとの目標に照らして、自組織の目標達成に向けた各社員の業務の進捗を管理すること。また、期中および期末には、各社員のパフォーマンスを評価・フィードバックしながら各社員の成長を促すアドバイスをすること

⑤個々のポジション・人材の市場価値、パフォーマンス、リテンションリスク、ポテンシャルを考えて、自組織に与えられている昇給・賞与原資、または昇格枠の中で、各社員の処遇を決定すること

⑥経年のパフォーマンスを観察しながら、ジョブに見合ったパフォーマンスが発揮されない社員を見極めること。そのジョブの継続が困難と判断された場合には、ＰＩＰプロセスを開始し、当該社員の能力に見合った他ポジションへの異動やリスキル、転職などの可能性を探ること

人事ビジネスパートナーの必要性と人事部門の役割の変化

このように、ジョブ型雇用ではラインマネジャーが人材管理において大きな役割を担うことになります。したがって、そのようなラインマネジャーをサポートする人事や人事ビジネスパートナー（HRBP）の存在は不可欠になります。特にHRBPは、自組織の事業を理解したうえで人材管理についてラインマネジャーに適切なアドバイスを与え、支援することが求められます。

HRBPを含む人事部門の役割も大きく変化することになりますが、前述のラインマネジャーの役割①～⑥の場面に沿った形で整理すると、これからの人事部門に求められる役割は以下のようになります。

①会社の事業戦略、要員計画の策定にあたっては、各組織の事業目標を理解したうえで、外部労働市場の報酬データベースや社内の報酬水準に基づいて、人材調達コストについてラインマネジャーにアドバイスをすること

②ジョブが明確に定義されているか、また、応募者にとって魅力的なジョブとなって

いるかなどの観点からＪＤ（職務記述書）の品質を管理すること。そして、ジョブの内容を踏まえて職務評価のメソドロジーを活用しながら、社内のどの等級に格付けるのが適切かについて確認をすること

③人材の調達にあたっては、社内公募のプロセス（例：公募ポジションの社内イントラなどへの掲載→書類選考→異動先ラインマネジャーによる面接→決定）が円滑に進むよう支援すること。また、キャリア採用においては、効果的な母集団形成や候補者への適切な処遇条件の提示などの場面において、ラインマネジャーが判断を誤らないよう、アドバイスすること

④評価制度の趣旨に沿ってラインマネジャーが適切に制度を運用しているか、また、評価者（ラインマネジャー）・被評価者（部下）の双方にとって運用しやすく、納得感のあるツールとなっているかを検証すること。３６０度評価やエンゲージメントサーベイの結果を分析し、ラインマネジャーの組織運営や人材マネジメントに問題はないか、改善の余地はないかについて、客観的なデータをもとに、公平な立場から提言すること

⑤処遇決定の場面においては、各組織に対する昇給や賞与ファンドの配分ルールを策

定し、必要に応じて見直しを行うこと。また、ラインマネジャーが部下の昇給額や賞与額を決定する際のガイドラインを規定するとともに、外部労働市場の報酬データベースや社内の報酬水準に基づいて個別にアドバイスを与えること

⑥PIPプロセスの開始条件、各プロセスの進め方や留意点・法的リスクなどをきちんと整備しておくこと。また、個別のケースにおいて、PIPプロセスを開始する場合には、ラインマネジャーとその上長、そして人事部門の三者が密に連携をとり、対象社員とラインマネジャーとの面接（パフォーマンスに関するフィードバックやアドバイス、注意喚起など）に必要に応じて同席し、上長や対象社員にアドバイスを与える役割を担うこと

人事部門の役割は、優秀な人材に「選ばれる会社」にすること

これらの人事部門・HRBPの役割を踏まえると、人事プロフェッショナルに求められるケイパビリティとしては以下の3つにまとめることができます。

①いままで通り、社内の人材を誰よりも知っている存在であること（ラインマネジャー

と部下という関係性においては、仕事を通じたタテの関係でヒトをとらえがちですが、人事プロフェッショナルとしては一人ひとりの社員と対等かつオープンに接し、多面的にヒトをとらえるケイパビリティを持つ必要がある）

②ヒトに関する問題、時には、事業に関する問題についても、ラインマネジャーと対等以上に議論し、向き合える力を持つこと

③データやメソドロジーを駆使して人材マネジメントの観点から説得力のある提言やアドバイスをすること

戦略人事という言葉が最近よく使われますが、②と③はいわゆる戦略人事に求められるケイパビリティとも言えます。事業目標の実現と人材マネジメントを関連付け、事業目標を実現するためにヒトに関するデータの分析やメソドロジーを活用しながら、ラインマネジャーや経営に提言できる人事が求められています。

ジョブ型雇用においては、会社と個人があくまで「対等な関係」になります。会社側も事業に貢献できる人材を獲得しようとしますし、個人側も自分の労働を提供することによってその貢献に見合った報酬を得るとともに、自分のエンプロイヤビリティを高められ、

自らが望む仕事を成し遂げる経験ができる会社を選ぼうとします。

ジョブ型雇用における人事部門の役割は、会社と個人の両方の立場を理解しながら、双方の間で対等な取引関係が健全な形で機能するよう、さまざまな仕組みやプロセスを企画・設計し、現場の運用力を高めていくこと。そして、事業成長を支える優秀な人材に「選ばれる会社」になるために、会社のブランドや魅力を高めることなのです。

3 個人にとってのジョブ型雇用

「雇用保障」はよいことなのか

個人にとってのジョブ型雇用の意味合いを考える前に、メンバーシップ型雇用が個人にもたらしたものを考えてみましょう。

メンバーシップ型雇用の個人にとっての最大のメリットは雇用保障です。個人は自らのキャリア形成を会社に任せ、さまざまな仕事を経験しながら、安定した環境で技術やノウハハウの習得に努めることができました。

しかし、近年、事業環境のみならず、社会の情勢や個人の価値観は大きく変わりつつあります。社内外の英知をスピーディに結集しながらオープンイノベーションを起こすことができる人材や、より高い専門性を持った人材が求められるようになっているのです。また、共働き世帯の増加や労働人口の多様化、少子高齢化を背景に、会社命令による転勤・異動が以前にも増して敬遠されるようになっています。さらに、若年層から中年層を中心に、自分のエンプロイヤビリティを高めたいという意識も高まっています。

日系大手企業の経営者が、終身雇用を守ることが難しくなったことを認めているように、そもそも個人としても一つの会社で定年まで働き続けることは現実的ではない時代になっているのです。

雇用保障自体の持続可能性もあやしくなってきていますが、それ以外の雇用保障の負の側面としては、例えば、若年世代ほど生涯年収が下がること、人材の流動性を前提としないため、個々人の報酬水準が低く抑えられてしまうこと、年齢や勤続年数に基づく救済的な昇格は個人の生活保障になる一方、不活性な中高年社員を抱え、仕事をしている若年層や中堅層の不満が増加することなどが挙げられます。

キャリア形成の自由度が増す

個人にとってのジョブ型雇用の重大な意味合いは、「より大きな労働市場に参画できること」、すなわち「キャリア形成の自由度が増すこと」です。

ジョブ型組織においては、人材の一定の出入りを前提とし、労働を介して会社と個人が対等な立場になるため、原則として、会社は本人の同意なくして異動・配置することが難しくなります。個人は自らの属する「職種」を軸にした企業横断的な労働市場に参加することになりますので、その労働市場においては、より良い職場環境や処遇条件などを巡って、同職種の他の労働者と競争するようになります。

また、自ら希望するジョブに就くためには、常に自らを磨き続ける努力（＝エンプロイヤビリティを高めていくこと）が必要です。自らの専門領域における最新の動きや知識を入手するためのアンテナを高くしておくこと、または、専門領域の隣の領域における知識やスキルも高めていかなければなりません。

さらに、「キャリア形成の自由度が増すこと」の裏返しとして、自らのキャリア形成に対する責任が生じることになります。すなわち、どのような組織でどのように働きたいかについて自らの意思を持ってキャリアプランを立て、能力・スキルをセルフプロデュースして社内外のチャンスをつかむことが求められるのです。

ジョブ型雇用における個人にとっての最大の懸念は雇用リスクでしょう。典型的なリスクは退職勧奨を受けることです。しかし、筆者たちの経験によると、例えば構成員が100人の組織において、退職勧奨の人数は一般的には年間0〜2人程度にすぎません。前述の通り、ジョブ型雇用においては会社も個人から「選ばれる立場」になります。社員に不安を感じさせるような非合理的な雇用調整は、意図しない人材流出というリスクを招く可能性が大きいので、会社としても容易には行えないのです。

4　政府にとってのジョブ型雇用

「社会通念」を前提とする労働法制

この章の最後に、ジョブ型雇用へ移行していくために、政府においてはどのような変化

図表 5-3
自律的なキャリア選択の制度が個人の能力開発を促す

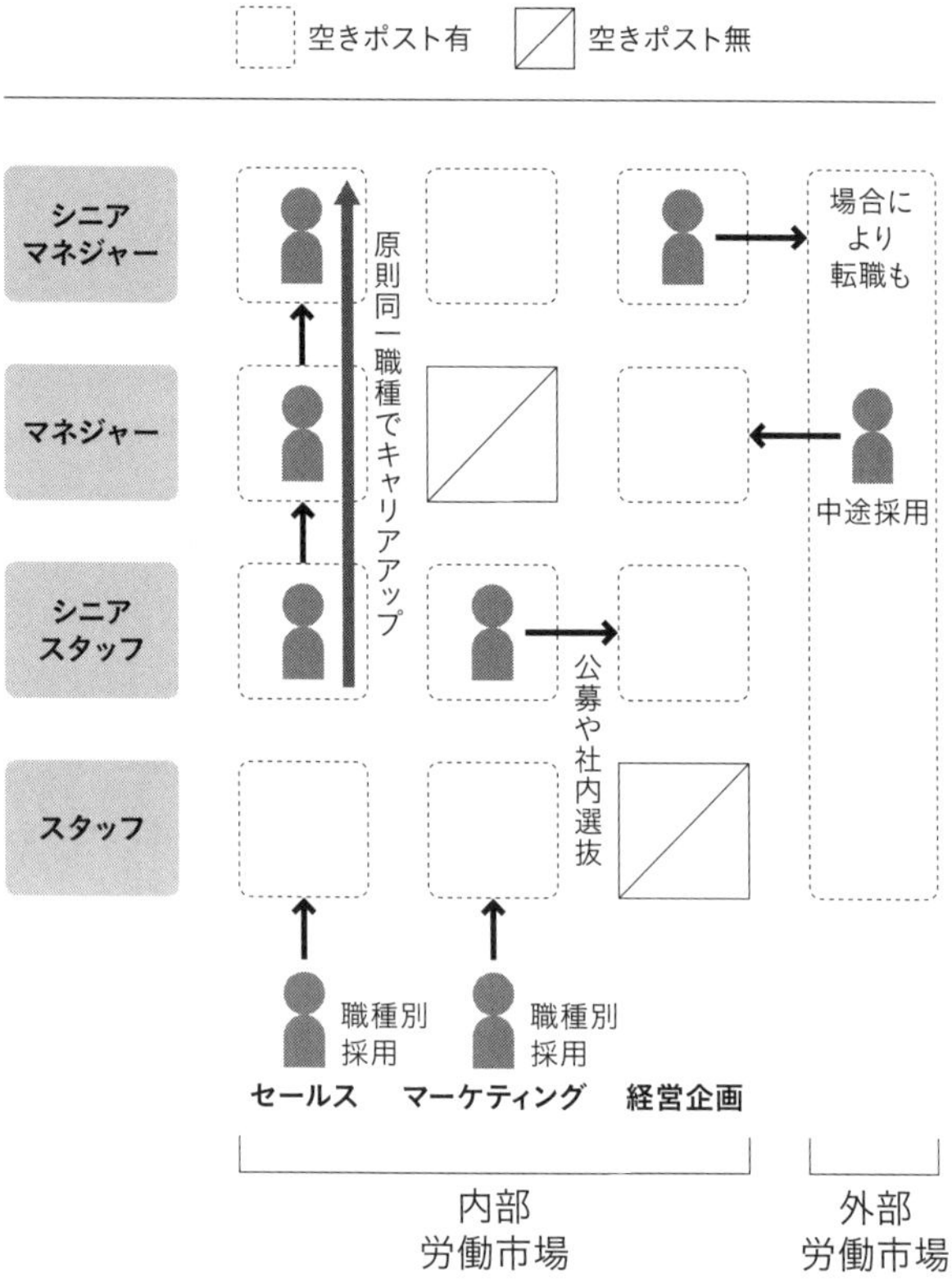

が求められるのかについて見てみましょう。

まず労働法制についてですが、第１章でも少し触れた通り、雇用契約は「労働に従事することの対価として報酬を支払う」という民法上の契約であり、日本の労働法制は欧米諸国と共通のジョブ型の原則で作られています。しかし、日本の現実の労働社会は、特に日系大手企業の人事制度の多くは、メンバーシップ型の原理で構築されています。

解雇権濫用法理などの判例法理は、ある意味でそのギャップを埋め合わせるために成立してきたと言えるでしょう。つまり、日本の労働法制はジョブ型雇用契約を基本原則とする一方、他方で判例法理や政策立法は日本企業の現場で浸透・定着してきたメンバーシップ型雇用を前提とする、そしてそれらが共存する状態となっているのです。

解雇権濫用法理では、客観的に合理的な理由を欠き、社会通念上相当であると認められない場合には、権利の濫用として解雇が無効になるとされています。特に、経営不振に伴う整理解雇の場合には、より厳しい要件が課されています。有効と認められるためには、四要件（人員削減の必要性、解雇回避努力、人選の合理性、手続の妥当性）を満たさなければなりません。そのため、経営者はいつでも自由に整理解雇ができるわけではないのです。

メンバーシップ型雇用のもとで、会社主導による配転が容易なことの裏返しで、前述の四要件は事実上、正社員の整理解雇をするうえでの厳しい制約となっています。しかし、これらの要件は、法律に明文の規定があるわけではありません。裁判所が日本の企業における雇用調整の実態を踏まえ、解雇の「客観的合理性と社会的相当性」という抽象的な要件を、解釈により具体化したものです。

言い換えれば、今後、ジョブ型雇用が主流になってくれば、企業の雇用調整の実態が変わることになり、事実上、規制のあり方も変わってくるのではないでしょうか。

人材の流動性を高める

近年、日本政府も事業環境や雇用環境を大きく変えていく必要性を認識しています。実際、近年ではメンバーシップ型雇用ではありえなかった発想のもとに、人材の流動性を高めるような政策が数多く進められています。2016年ごろより取り組みが始まった「働き方改革」もその一環と言えます。

「働き方改革」においては、長時間労働の是正、同一労働同一賃金、柔軟な働き方の環境整備、多様な人材の活躍といった、さまざまな取り組みが推進されました。2020年にはコロナ禍の影響もあり、リモートワークや兼業・副業への推進力がさらに強まり、日本企業の働き方の前提が大きく変わりつつあります。

また、人材の流動性を高めるという観点からすると、終身雇用や長期勤続、年功的な報酬水準を前提とした制度を変えていく必要があります。

例えば、その一つとして、退職所得に関する税制改革が挙げられます。現在の仕組みは、①勤続年数に応じて「退職所得控除」が計算され、その額をまず退職所得から控除し（控除後の金額がゼロを下回れば税金はかからない）、②控除後にもし残る金額があったら、それを半分にしたうえで、③分離課税する（＝一番低い税率から適用する）——という3層にもわたるメリットがつまった優遇措置となっています。加えて、勤続期間が20年超の場合、さらに控除金額が有利になる仕組みです。つまり、日本の雇用・報酬慣行に則った仕組みが税制上も手当てされているわけです。

しかし、２０００年代に入ってから、日本でも転職はよく見られる現象になってきました。すると、このような退職所得税制は、長期勤続者を優遇する一方で、転職を不利にする仕組みになっているのではないか、という指摘もあります。人材の流動性を健全なレベルで高めていくには、このような個別制度も見直していく必要があるでしょう。

労働市場のセーフティネットの整備

ジョブ型雇用は、市場原理に基づく発想ですから、当然セーフティネットについても考える必要があります。本来、社会保障政策などを通じて国民の生活の安定や保障を図ることは国の務めです。

しかし、戦後のセーフティネットを振り返ってみると、メンバーシップ型雇用が主流となった日本では、政府による社会保険や医療・教育等のサービス給付は、より多くの支えを必要とするライフサイクルの前半（例えば、出産・育児費用負担、幼児教育・保育の無償化、義務教育の提供）と後半（例えば、医療費や年金、介護の負担）に集中してきました。そして、その中間に位置する現役世代は、自らの能力を活かして働くことにより自らの生活を支えるとともに、保険料拠出や納税を通じて社会に貢献することが求められる仕組みとなっているのです。

そして日本企業は事実上、この現役世代の労働者の生活保障など福祉の一部を担ってきたととらえることができます。企業は従業員に対してライフステージに応じた年功的な賃金を保障し、また、住宅手当や家族手当など、さまざまな手当や補助を支給して労働者の生活を支えてきました。

　このことは、米国や欧州で経済成長の鈍化とともにホワイトカラー中間層が減少し、格差が広がっていったことと対比すると、社会の安定に役立ってきたと見ることもできます。

　しかしこのような仕組みは、すでに組織に入った正規雇用の人材を手厚く守る一方、その仕組みに入れなかった人材には厳しい、という側面があります。１９９０年代以降、多くの若者を含む非正規雇用が増加しており、企業からの支援を受けられない人材が増えているのです。

　また、企業側に人材を抱え続ける余力が減少してきていることも、業績不振時に早期退職という事実上のリストラ策が、さまざまな業界で実施されることからも明らかでしょう。これまで手厚い雇用保障を担ってきた企業に代わり、国がセーフティネットのより大きな主体として、公的扶助や労働保険のあり方を見直すことは、好むと好まざるとにかかわらず、ますます求められるようになっているのです。

求められる不当解雇の金銭的解決

ジョブ型雇用において企業内の「雇用保障」が弱まることを補うために、諸外国と同様、解雇無効時の金銭救済についても議論を深める必要があります。解雇無効時の金銭救済とは、裁判によって解雇が無効との判決が出た後、職場復帰せずに退職する労働者と事業主との間でトラブルが発生しそうな場合に、事業主が金銭を支払うことによって、問題の解決を図ろうとする仕組みです。

諸外国では、差別的解雇など法律上禁止された解雇は無効・復職となりますが、正当事由を欠く解雇（不当解雇）の救済は、復職または金銭解決が法律上用意されているのが一般的で、実務上は金銭解決が原則化しています。

一方、日本では、不当解雇は解雇権濫用として無効とされ、労働者が復職することになりますが、通常訴訟で、不当解雇について使用者に金銭支払いを命じ、雇用関係の解消を認める判決を下す仕組みはありません。そのため、雇用終了を巡る紛争処理の見通しが立ちにくい状況にあります（ただし、当事者が和解で金銭解決することは従来認められており、個別労働紛争の新しい解決手続として、２００６年４月から労働審判制度が導入され、解雇の金銭解決が認められています）。

これを受け、２０１５年6月30日閣議決定の「『日本再興戦略』改訂２０１５──未来への投資・生産性革命」では、「雇用終了を巡る紛争処理の時間的・金銭的な予見可能性を高め、結果として、人材の有効活用や個人の能力発揮に資するとともに、中小企業労働者の保護を図り、対日直接投資の促進に資するよう」透明かつ公正・客観的で、グローバルにも通用する紛争解決システムについて検討がなされました。

そしてこれを受け、同年10月には厚生労働省に「透明かつ公正な労働紛争解決システム等の在り方に関する検討会」が設置され、労使双方を含めた20回にわたる議論を経て２０１７年5月に報告書が出されました。

２０１８年6月からは「解雇無効時の金銭救済制度に係る法技術的論点に関する検討会」が立ち上がり、法技術的側面に関する論点が議論されています。この検討会は２０１９年12月の回以降、しばらく開催されていませんでしたが、２０２０年11月より再度動き出しています。労働市場におけるセーフティネットの一つとして、早期に制度整備されることが望まれます。

「スキルがない」若者の就職が困難に

今後、社会全体における雇用のあり方がジョブ型雇用の方向へシフトすると、社会と学校教育の接続部分である採用の仕方も変わってくるでしょう。会社は、個々のジョブ（職種×レベル）を定義したうえで、そのジョブに最も適した人材を採用しようとするため、職種別採用が主流になってくると思われます。

マーサージャパンが2020年8月に実施した「ジョブ型雇用に関するサーベイ」の結果によれば、日系企業の新卒採用においても、職種別採用は現在の36％から3～5年後には57％に増加し、また、コース別採用（例えば、管理職系コース、専門職系コース、技能職系コースなど）は現在の16％から3～5年後には27％に増加するという結果が得られています。

メンバーシップ型雇用下では、長期雇用慣行の中でスキルのない若者を採用し、職場で教育訓練を行っていくため、若者にスキルがないことは採用の障害ではありませんでした。しかし、会社と個人が対等な雇用関係を構築することを前提とし、ジョブに人材をはりつけていくジョブ型雇用においては、「手に職がない」若者、特に新卒者の就職は困難になる可能性があります。

少子高齢化が進む中で、新卒採用の市場は「売り手市場」の傾向が続きましたが、メンバーシップ型からジョブ型への雇用慣行が変化することによって、スキルのない若者が社会への入口のところで思わぬ困難に直面しないよう、学校教育と社会との円滑な接続、教育と雇用の一体的な改革が求められます。

メンバーシップ型雇用の日本企業における新卒採用では、「地頭の良さ」「素直さ」やその企業のメンバーとしての「フィット感」などが重視されます。企業にとっては、特定のスキル・能力を持った人材を特定のジョブに採用するよりも、「真っ白」な若者を、どのようなジョブにも適応できるようＯＪＴなどにより職場内で訓練していくことが志向されてきました。実際、就職の面接において、部活やアルバイトなどでのリーダーシップ経験は聞かれても、大学で何を学んだかはさほど重視されていないことが多いのではないでしょうか。

雇用と教育が一体となった改革を

その一方、人材を社会に送り出す教育側においては、仕事の世界に向けて若者を準備させるという重要な機能が弱いことが指摘されています。企業側で「どのような人材を求めるか」、また教育側で「人材をどのように育てるか」を、一体的に見直していく必要があるでしょう。

教育を通じて、今後、社会に求められる能力を育成するとともに、キャリアについて考える機会を提供することが重要になります。あわせて、教育現場でのキャリア意識の高まりや専門性を習得した努力が採用の段階で報われるよう、採用プロセスや採用基準の見直しも求められます。学生にとっても、今後、メンバーシップ型からジョブ型雇用へ社会が変化していく中で、就「社」という発想を切り替え、社会で働くとはどういうことなのか、自分のやりたい職業・職種はどうやって見つけるのか、自分のキャリアをどのように築いていくのかを考えることがさらに大切になってくるでしょう。

なお、事業環境の変化が加速する中で、中高年のリスキルの必要性も高くなっています。40~50年にわたり充実したキャリアを形成していくためには、あらゆる年代において、学習と労働を組み合わせていくことが重要なのです。事業環境やテクノロジーの変化を前向きにとらえ、自らのスキルを常に体系的に整理し、深めていく、または広げていくことが求められています。

このような経済や社会の変化に対応した人材再教育の必要性は、日本だけの問題ではなく、世界的にも大きな問題となっています。２０２０年1月の世界経済フォーラム（ダボス会議）においては、「リスキリング革命（Reskilling Revolution）」と題し、今後10年で10億人に対し、リスキリングに向けたより良い教育、スキル、仕事を提供する、その実現に向けて世界経済フォーラムでは、プラットフォームを構築すると発表しました。

まずは働く個人として、常に自らのスキルを見直しリスキリングを追求すべきですが、政府としても、大学・大学院等のリカレント教育の拡大、教育訓練給付の活用促進などの取り組みを強化する必要があります。

この章で述べてきた企業・個人・政府・教育現場におけるシステムやマインドセットの変革は、日本経済を再び成長軌道に乗せていくために必要であり、相互に連携しながら取り組んでいくことが求められています。

事例④

ソニー

――創業時から後押しする従業員のキャリア自律

ソニー株式会社　基本情報

業種：電気機器／エンタテインメント／金融

売上：8兆2599億円（連結／2020年3月期）

従業員：11万1700名（連結／2020年3月）

「個」のチャレンジを重視する企業文化

ジョブ型雇用にとって、キャリアに対するとらえ方は重要なポイントの一つですが、日本企業の中で強力に従業員の「キャリア自律」を支援している会社の事例としてまず挙げられるのが、ソニーでしょう。

同社にとっては、創業以来、「自分のキャリアは自分で築く」という精神が基本的な考え方になっています。「個」の力を最大限発揮できる「場」と、高い能力・熱意・成長意欲を持つ「個」をうまく結びつけることによって価値を出す、という前提から、「個」のチャレンジを実現することにより数々の新たな事業を打ち出し、企業成長を実現してきました。

同社における社員のキャリア自律を推進する仕組み・その背景となる企業文化は、昨日・今日に始まったものではありませんが、本コラムでは、中でも２０１５年のジョブグレード導入時にフルモデルチェンジした各制度に焦点を当てて紹介します。

自律的キャリアを後押しする仕組み

２０１５年、ソニーでは会社と個人の関係の対等性をさらに後押しし従業員が自律的キャリアを展開するための仕組みとして、①社内募集、②キャリアプラス、③ＦＡ制度、④キャリア登録の４つを整備しました。順番に概要を見ていきましょう。

まず①社内募集は、１９６６年から運用されている長い歴史がある社内公募制度であり、イントラに求人が公開され、社員が自由に応募できます。上司が応募や異動の事実を知るのは、マッチング成立により異動が実現する際になります。もともとは毎月行われていましたが、現在では年2回、人事のスクリーニングなしに、出したい部署が自由に募集できる「大募集」と、ビジネス上の必要性が高いものに絞って募集される「特別募集」があり、毎年200〜300名が異動しています。

②キャリアプラスは、現アサインは継続しつつ、新たな業務やプロジェクトに携わるという社内兼業・副業についての公募制度です。期間は1年間と決まっており、あくまで兼務という形のため、応募には上司の許可が必要で、稼働するのは最大でも週2日まで、費用も現所属ですべて持つことになっています。多いときは毎月10件ほどの募集があり、累計で約150名がこの制度を活用しました。

③FA制度は、ハイパフォーマーを対象にプロ野球でいうところの「フリーエージェント（FA）権」を年に1回付与するものです。社員がFA権を実行することを決めた場合、マネジメント層にはその情報が公開され、声がかかったら面接が実施されます。全制度に当てはまりますが、最終的な異動の判断は社員に委ねられるため、現所属が慰留したい場合は、リテンションも必要になります。毎年、FA権が600名ほどに付与され、そのうちの2〜3割程度の社員がFA権を行使していますが、FA権を行使する決断をしたのち、結局現所属に残る場合もあり、最終的には年間30〜40名がこの制度によって異動をしています。

④キャリア登録は、希望者が上司に確認をとったうえでキャリア登録用のレジュメに登録する制度で、同情報はマネジメント層に共有され、登録者に興味を持った部署とのマッチングを図り新たな機会を提供するものです。年１００名ほどがキャリア登録を行い、うち２〜３割が実際の異動につながっています。

ＦＡ制度はマネジメント以外（部課長未満）の従業員に限られていますが、その他の制度は役職にかかわらず利用できます。これらの制度が導入される前提として、同社に年次による自動的な昇格や滞留年数の制限がないこと、報酬・処遇が職能ではなく職務で果たした役割で決定され、グレードが役割によって比較的柔軟に変えられることを理解する必要があるでしょう。これにより、個人としても、チャンスを自分でつかむことが必要な環境に置かれています。

また、事業側でも、定期的な人事異動がないため、必要な人材を社内外から能動的に確保することが必要になっています。特にＦＡ制度については、優秀な人材を獲得できる機会として、金融やエンタテインメントなどのグループ会社も含めて活用できるものになっています。なお、社内公募で人が抜けた場合は、新たに人を配置するようＨＲＢＰが働きかけていきます。同社のマネジャーはこれらの仕組みを通じて毎月多くの人が異動することに慣れているため、社内公募により人が異動することへの不満や実務上の支障は特に見られないとのことです。

社員全体のエンゲージメント向上へ

これらの制度は、個人にとって、自分の強みを礎にして、ソニーでどのように活躍できるか・何をやりたいのかを自分で考え、キャリアを棚卸することにつながっています。また、興味深いことに、制度活用により社内エンゲージメントスコアが上がる、という結果が出ています。

例えば、ＦＡ制度の対象者はハイパフォーマーに限定されますが、そういった人材は職場や会社に対する問題意識が高いため、異動前の傾向としてはエンゲージメントスコアが高いとも言い切れませんでした。しかし、そういった人材が、ＦＡ制度を活用して異動すると同スコアが跳ね上がる現象が見られています。ハイパフォーマーが欲しているのは評価・報酬だけではなく、自分を活かせる機会・魅力的な仕事であることを示唆している一例と言えるのではないでしょうか。

また、効果があるのは、若手従業員だけに限定されません。制度を活用するボリュームゾーンは20代から30代（ＦＡ制度は30代前半から40代）であるものの、ここ数年、社内募集を通じた異動対象者に占めるベテラン社員の割合が高まっており、３人に１人が45歳以上になっていることは注目に値するでしょう。特に、兼務としてのキャリアプラスは異動へのハードルも低く、若手が着想した新規ビジネスを、量産化や品質保証の領域でベテラン社員がサポートするといった取り組みも見られ、ベテラン社員のリテンションやモチベーションアップにつながっています。

まとめ

「君たち、ソニーが自分にとって違う場だと感じたら、思い切って場を変えなさい。人生を無駄に過ごすべきではない」――これは、創業者の盛田昭夫氏が入社式で新入社員に向けて語ったメッセージです。細かい表現は変わっても、キーとなるメッセージは今も変わらずに伝えられているといいます。会社と個人の対等な関係のもと、個人のチャレンジマインドがＤＮＡとして引き継がれ、キャリア自律の制度を支えています。

第6章

競争力強化のためになすべきこと

これまでジョブ型雇用の意義や導入にあたってのポイント、各ステークホルダーにとっての意味合いなどをくわしく見てきました。本章ではジョブ型雇用がこれからの日本企業・日本経済の競争力の強化にどうつながっていくのか、また日本社会、日本における雇用やキャリアのあり方にどのような意味合いを持つのかという点について、いくつかの観点で読み解いていきたいと思います。

1 日本企業のグローバル競争力の復権

優秀人材から好まれない日本企業

日本でも毎年、就職人気ランキングはメディアを賑わせますが、世界各国のさまざまなランキングを見ると、欧米だけでなくアジア各国でも就職先としての日本企業の人気はあまり高くありません。ソニーやトヨタなど一部の製造業がかろうじてランクインしていますが、それ以外はほとんど見る影もありません。大変残念なことですが、日本では人気ランキング上位の常連である総合商社や金融機関なども、グローバル企業への就業機会が少ない一部の新興国を除いて、さほど人気は高くないのです。

１９９０年代から数々の日本企業海外現地法人の人事改革支援をしてきた筆者たちの経験からは、現地社員（ナショナルスタッフ）にとって限られたキャリア機会、そしてマネジャー以降は頭打ちになりやすい報酬水準の２つが、こうした「不人気」の原因だと考えています。

その一例をお示ししましょう。図表６－１は、タイの首都・バンコクにおける日系企業、欧米系企業や現地企業の報酬データを比較したものです。

マーサーでは毎年世界各国で報酬調査をしています。こちらのデータはバンコクにおける欧米企業、現地企業や日系企業数百社の報酬データをまとめたものです。図表を見ると、入社初期ではどの企業でもあまり変わりはありません。しかし、特にマネジャー以上になると、日系企業と欧米系企業との差が開いてきます。これは、マネジャー以上の報酬水準が、日系企業においては特に本社との関係で低く抑えられている点が影響していると考えられます。

欧米圏への進出にあたっては、現地の労働慣行に合わせて人材採用・処遇をしてきた日

図表 6-1
バンコク報酬データ比較

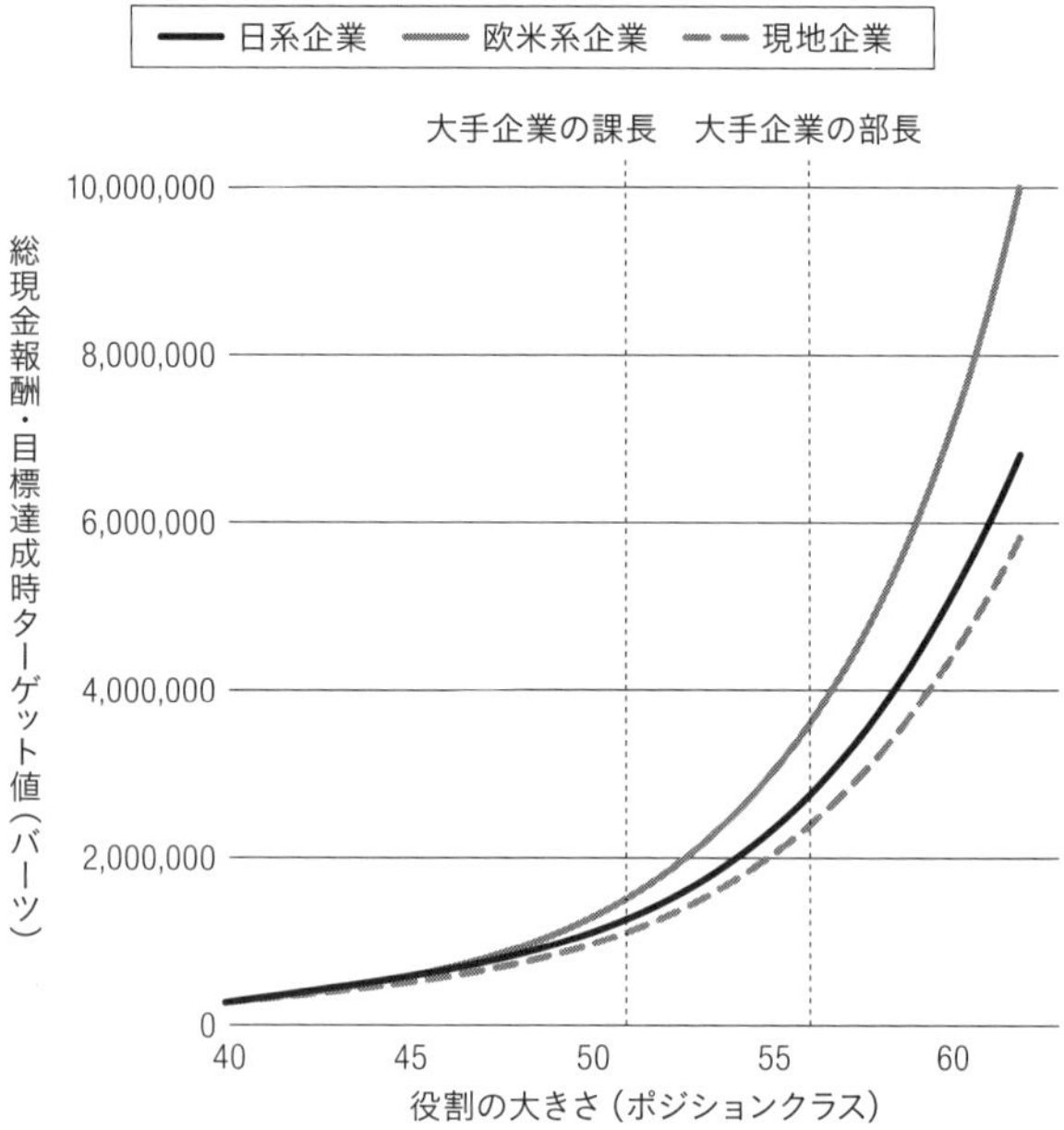

注：いずれも中央値
出所：Mercer Thailand Total Remuneration Survey (2020)

系企業でしたが、タイや中国など、もともと製造拠点からスタートした地域では、本国と同じような年功的な人事制度、メンバーシップ型に沿った報酬制度を入れてきた企業が多数あったのです。

この結果、若手のうちは人材教育が手厚く、処遇水準も悪くない日系企業で働き、20代後半から30代のマネジャーになるタイミングで欧米企業などに転職してキャリアアップを目指す、という行動がアジア各国ではよく見られるようになってしまいました。筆者は２０００年代初頭に、アジア地域の日系企業の人事改革支援を多数手がけ、その後も継続的にアジア各国とビジネスで関わってきましたが、２０００年代にはすでにそういった傾向が見られ、残念ながら今日に至るまで続いています。

このような状況は、最近こそ多少成長が鈍化してきたとはいえ、20年以上にわたって高度成長が続いたアジア各国では、転職機会が豊富にあり、転職によって報酬が１・５倍、２倍と上がるチャンスがいくらでも転がっていたことも背景にあります。

日系企業の離職率だけがことさらに高かったというわけではありません。しかし、相対的に報酬水準が年功的な仕組みで若いうちは抑えられ、マネジメントも一定以上の役職では日本語ができないと「ガラスの天井」に突き当たって出世できない、という環境が、英語が流暢でスキルに自信がある現地の優秀人材から敬遠されることにつながっていたのは、残念ながら否めないでしょう。

日本人マネジャーの人事リテラシー強化

日本本社におけるメンバーシップ型雇用からジョブ型雇用への転換は、海外拠点における人材競争力の強化につながります。ジョブ型雇用においてマネジャーに求められる適切な部下の評価・報酬決定、人材リテンションや必要に応じた退職勧奨への対応といった一連の経験・スキルが、海外拠点においてもそのまま活かせるため、海外拠点に派遣される日本人マネジャーの人事リテラシーの強化につながっていくのです。

また、ジョブ型雇用の導入を通じて日本本社と海外拠点が一貫した人事ポリシーで運営され、職責と市場価値に応じた報酬・適正なキャリア機会が海外拠点でも提供されるようになれば、従来よりも一体的な人事管理、キャリア機会の提供がやりやすくなり、グローバル単位での人材登用もスムーズに進められるようになるでしょう。

もちろん、企業によっては本社の仕組みとは関係なく、海外拠点が先行してジョブ型雇用的な仕組みへと改革してきた企業もあります。筆者たちもそういった取り組みにはこれまで数多く関与してきました。しかし、多くの場合３～４年程度のサイクルで日本から派遣したトップが交代する現地拠点において、志の高い現法ＣＥＯや総経理が現地拠点の改革を一時的にリードしたとしても、後任の人材が改革をきちんと引き継げないリスクは常につきまとっています。

また、結局現地の一人ひとりの優秀人材をきちんとつなぎ止めていくには、トップだけでなく派遣される日本人海外派遣者みながきちんとした人事リテラシーを持っていることが重要です。海外赴任経験十数年以上、海外赴任が３回目・４回目といった歴戦の猛者でなくても、着任時からすぐにマネジャーとして機能しなければ、これからの変化の速い時代には対応ができません。最初の海外赴任では、まずは現地に慣れることが優先、と言っている余裕はないのです。

なお、海外派遣者の人事リテラシーの強化を図るには、人事の基礎知識・現地の労働法制などに関するＯｆｆ－ＪＴ教育も重要です。財務やＩＴといった分野と異なり、残念ながら、人事は専門職能として軽視されがちです。どんな方でもマネジャーや部下としての人事経験があり、特に上位のマネジメント層ほど豊富な経験ゆえの「持論」を持っていることが多いからです。

対人コミュニケーションなどの場面ではそういった豊富な経験・知見が生きるでしょう。しかし労務管理や人材マネジメントにおいては、日本の常識が海外で通用しないことも少なくありません。このため、海外派遣者向けの人事リテラシー教育を強化していくことが求められます。

もちろん、派遣国によって労働法制・慣行には差がありますので、すべてに対応していくことは現実的ではありませんが、実はジョブ型雇用の導入に伴い求められるスキルと、海外派遣時にマネジメントとして求められるスキルは共通する面も多いため、横断的にそういった教育投資をしていくことも有効です。

「長期能力構築」と「経営環境への即応」の両立

グローバル競争とはまた別の観点となりますが、ジョブ型雇用を推進していくと、人材が定着しなくなり、これまで日本企業が得意としてきた、すり合わせ・長期的な能力構築が衰えてしまうのではないか、という懸念があるかもしれません。この懸念は一面では正しいのですが、スピーディに必要な人材の確保、事業や人材ポートフォリオの見直し・組み替えが必要となってくる現在の経営環境では、そのバランスが問われてきます。

第1章や第3章でも解説した通り、多くの業界では、勝てる戦略を大きく描き、それを不十分であってもスピーディに実行していくことが求められています。ＣＡＳＥがもたらす大変革に揺れている自動車業界がその典型例です。

「すり合わせ」で1グラム単位、ミリ単位の改善を繰り返していっても、根本的に競争の土俵を転換するようなイノベーションが起きていく中では、本質的な競争力強化にはつながりません。バリューチェーン全体の中でどこをリードし、どこの領域はあきらめるかを素早く見極めていかなければならないのです。競合との合従連衡、必要に応じた事業ポートフォリオの再編も日常茶飯事となるでしょう。

かつてパソコンやスマートフォンで日本企業が一敗地にまみれ、米企業や韓国・中国企業に大きくシェアを奪われたことと同じことが自動車業界で生じるリスクはかつてなく高まってきています。

もちろん、スマートフォンにおいてもキーとなるデバイス技術を抑え、うまくブラックボックス化して高収益を実現している村田製作所などのような優れた企業は多数あります。決して、「すり合わせ」がすべてうまくいかないと言っているわけではありません。

しかしどの領域で長期能力構築を目指し、どの領域でうまく再編・連携を図りながら経営環境への即応を果たしていくか、その選択が求められていることは間違いありません。ジョブ型雇用をそのような戦略を実現するためのツールとしてとらえていく発想が重要です。

日本企業、特に製造業は長らく、現場は強いが本社は弱い、と言われ続けてきました。超円高やリーマンショック・東日本大震災を乗り越えて営々と品質競争力・コスト競争力を高めてきた日本のものづくりの現場は、米国・中国の貿易対立によって日本が双方から必要とされる中、ここ20年の中で絶好の機会を迎えています。この機会を生かすも殺すも本社の経営力次第です。

経営においては適切な戦略構築・事業ポートフォリオ再編を行い、そして人材戦略においては、それらの機動的な事業戦略を支えるジョブ型雇用を導入することが、そのための有力な処方箋となっていくでしょう。

2 人材流動性の向上を通じた雇用保障の強化

メンバーシップ型が阻害する企業間の人材移動

これまでのメンバーシップ型雇用のもとでは、企業間の人材移動には実質的な制約がありました。例えば自動車業界では、ドイツなどでは大手自動車メーカーA社で部長を務めていた方が、別の自動車メーカーB社で部長や役員になる、といった企業間移動が実際に起きています。しかし、日本ではグループ系列内の親会社から子会社への異動などを除き、そのような例は極めて少ないのが現状です。

もちろん、転職がないわけではないのですが、企業間で仕事の仕方やカルチャーに大きな違いがあるため、他社では容易にパフォーマンスを発揮できない、といった話も聞きます。背景には、長期のメンバーシップを保つための暗黙のルール、または表に現れにくい慣習が数多く存在していることが挙げられるでしょう。たとえその職務要件を十分に満たす人材であっても、外部参入者に容易には活躍できない環境があるのです。

キャリアアップの選択肢が広がる

今後、多くの企業がジョブ型雇用を取り入れていけば、やがてそれが主流となり、業界全体の人材流動性が高まる効果が期待できます。例えば、金融業界やIT業界などの一部では、すでに事実上のジョブ型雇用が採用されつつあります。特に高度な専門知識を要する職務については、その職務をこなせる能力があることの優先度がより高く、職務・ジョブベースの考え方になじみやすいのです。結果的に、これらの業界では企業を移りながらキャリアアップをしていくモデルが見られ、高い人材流動性が実現されています。

こうなると、一個人からしてみると特定の企業に勤務し続ける必然性は低くなります。特定のジョブに関する専門性を活かした転職可能性が広がれば、キャリア・処遇向上のチャンス拡大につながり、転職に伴うリスクも軽減していくでしょう。

たとえ、自分の所属する会社の業績が悪化したとしても、これまでのように大幅な処遇ダウンを甘受して企業内に残るよりも、むしろ前向きなキャリアアップ・処遇アップを含めた転職という選択肢をとることもできるのです。人材流動性の向上が、企業の枠を越えて人材の最適配置を促進し、結果的に雇用保障の強化実現に寄与すると言えるでしょう。

人材流動性を高める近年の政策

ここで、「そうは言っても、日本は雇用保障を求める規制が厳しく、ジョブ型雇用は実現可能性が低いのではないか」と疑問を持たれる読者の方もいるかもしれません。第1章と第5章で見たように、メンバーシップ型雇用は日本の慣習として定着しており、雇用保障についても判例によって確立しています。

判例で確立した解雇権濫用法理は、２００３年の労働基準法改正によって、第18条の2として法律上明文化され、そのまま労働契約法第16条に「解雇は、客観的に合理的な理由を欠き、社会通念上相当であると認められない場合は、その権利を濫用したものとして、無効とする」と規定されています。このように、メンバーシップ型雇用下においては、企業は広範な異動権を用いて雇用保障をすることが求められてきました。

しかし、昨今の政策に着目すると、むしろ人材流動性を高めるような政策が数多く打ち出されています。例えば２０２０年3月に、厚生労働省は職業情報提供サイト（日本版Ｏ－ＮＥＴ）を開設しました。サイトの説明には、『ジョブ』（職業、仕事）、『タスク』（仕事の内容を細かく分解したもの、作業）、『スキル』（仕事をするのに必要な技術・技能）

などの観点から職業情報を『見える化』し、求職者等の就職活動や企業の採用活動等を支援するWebサイトです」とあり、約500の職業情報が掲載されています。

モデルになったのは米国労働省が1998年から公開している職業情報データベース（O*NET）であり、こちらは米国の労働市場において、働き手に対して必要なスキルなどの共通言語を提供する役割を果たしています。日本においても、人口減少下での経済成長や労働生産性の向上に向けて、一人ひとりが持つ能力を最大限に活かせるよう、転職・再就職など多様な採用機会を拡大することが必要という問題意識で、同サイトの稼働が始まりました。

扱っている職種の範囲や情報量には改善の余地がありますが、さまざまな職業について、ジョブ・タスクベースでの仕事内容や必要なスキルを丁寧に解説し、職務と人材のマッチングを後押しすることが目指されており、ジョブベースでの雇用促進につながる政策の一つです。

この他にも、直近の成長戦略実行計画（2020年7月）を見てみましょう。同計画では、「はじめに」のすぐ下に「新しい働き方の定着」の章が設けられ、①兼業・副業の環境整備、②フリーランスの環境整備、③社会人の創造性育成（リカレント教育）が挙げられています。

①・②については、人生１００年時代において、若いうちから自らの希望する働き方を選べる環境を作っていくべきとして、兼業・副業の労働時間管理やフリーランスとの取引についての整備が進められています。また、③については、大企業に勤務している20代から30代前半の社会人を念頭に置いた、ステップアップのための学び直しが検討されています。

これらは、いずれも一つの企業で働き続ける従来のメンバーシップ型雇用下では想定しえなかった働き方であり、解雇権濫用法理が前提とした社会通念とは異なる発想で、近年の政策が進められている一例と言えます。

人口減少下で急務な雇用のあり方の見直し

近年の政策の流れをさらに振り返ると、２０１７年には「働き方改革実行計画」が決定され、その前年には「ニッポン一億総活躍プラン」が閣議決定されるなど、いずれにおいても、一人ひとりが活躍できる新しい働き方が模索されてきました。従来の雇用のあり方からの脱却を訴えているとも言えるその背景にあるのは、人口減少局面においては、労働生産性を向上させるとともに、女性・高齢者等も含め、多様な働き手の参画を促すことが不可欠であるという問題意識です。

日本の労働生産性の低さはたびたび指摘されますが、例えば最近の日本生産性本部の発表によれば、OECDデータに基づく2019年の日本の時間当たり労働生産性（就業1時間当たり付加価値）は、47・9ドルで、OECD加盟国37カ国中21位となっています。一人当たり労働生産性は8万1183ドルで、順位で見ると37カ国中26位であり、1970年以降最も低くなっています。

これは、同じ付加価値を出す仕事に対して就業者数が多い状況が想定されます。デジタル化の遅れや事業規模などさまざまな要因が考えられますが、職務という概念が希薄化している中、仕事が属人化しており、結果的に効率的な人材配置が実現していないことが一因と推察されます。ジョブをベースに仕事の中身が標準化されていけば、企業間での人材の移動もよりスムーズになります。報酬についても、外部市場を意識して設定せざるを得なくなり、優秀な人材が、より付加価値の高い仕事に就けるようになります。

また、働き手についても、メンバーシップ型の組織社会では、個人が会社の庇護下に置かれており、その関係は対等とは言えませんでした。会社が雇用保障をする一方で、長期のメンバーシップを維持するためのコミットが求められ、家庭や個人の都合で全面的なコミットができなければ、組織社会の主力メンバーとはみなされない傾向が強くありました。

結果的に、多くの組織の主力が男性・大卒・生え抜き社員という均質なメンバーで構成されてきたわけですが、人口減少下のいま、メンバーを限定することはもはや限界であり、より多様な働き手の参画が求められているのです。

その点、ジョブをベースにした会社と個人の対等な関係が広まれば、仕事以外のコミットに対する必要性や期待値は減っていき、より多様な人材が活躍できるようになるでしょう。ジョブ型雇用による従来の雇用システムの変革は、社内外での人材市場を活発化させます。これにより、従来の「一つの企業での雇用」とは異なる形で、より多様な人材への雇用保障につながっていくと考えられます。

そもそも、メンバーシップ型雇用による雇用保障のメリットは、すでに限られたメンバーしか受けていません。総務省労働力調査によれば、非正規雇用労働者は、1994年以降緩やかに増加し、2019年平均では2165万人と、役員を除く雇用者の約4割を占めています。

日本の企業の99％以上、従業者の約70％が小規模事業者を含む中小企業で占めていることから考えても、従来の手厚い雇用保障が、社会全体のセーフティネットとして機能しているかどうかは、検証する必要があるでしょう。さらに、正社員として働く機会がなく、仕方なく非正規で働く25歳から34歳の不本意非正規雇用者の割合も17・7％に上っています（総務省労働力調査、令和元年平均）。正社員ルートから外れると戻るのは難しく、やり直しの利かない社会だと指摘されています。

ジョブ型雇用により流動性が高まれば、一企業のみに依存することなく、長い労働期間の中で想定外のことが起こっても、スキルを積み上げてやり直しをすることが可能となります。もちろん政策としては、スキルアップへのサポートや社会保障などのセーフティネットを、個別企業の外枠で拡充していくことが不可欠となります。

個別企業によるメンバーシップ型の雇用保障が限界にきている今日、健全なレベルで人材流動性を高めていくこと、必要に応じて企業間の移動ができる準備をしておくことが求められており、社会システム全体を含めて転換すべきときがきているでしょう。

とはいえ、社会システムを変えるには時間を要します。すでに見てきた通り、一部の業界では事実上のジョブ型雇用の採用や人材の流動化が進んでおり、そのような業界ほど、外部市場の影響を受け報酬が高くなり、転職によるキャリアアップが定着しています。個人としても企業としても、現状の企業内雇用保障に固執せず、人材流動性の向上を通じた雇用保障を考えるべきではないでしょうか。

3 「いつでも辞められるけど、辞めたくない」企業へ

「ブラック企業」は日本特有？

ひところ、ブラック企業という言葉が話題になりました。劣悪な労働条件で従業員を働かせ、心身ともに疲弊させてしまう企業を公表することで、経営側を牽制し、労働市場の健全化を図ろうという動きもありました。

しかし、このような現象はなぜ起きてしまったのでしょうか。一般的に言われている「ブラック企業」では、やや特定の話題性のある企業が取り上げられているため、世間の注目を浴びる企業と多くの従業員が劣悪な労働条件で働いており経営側に重大な故意・過

失がある企業が必ずしも一致しない場合もあると思いますが、いずれにしても、厳しい労働条件でも生活のためになかなか辞められない方が多くいることは事実でしょう。

情報が非対称である労働市場の特性上、完全にこういったケースを排除することは難しいですが、メンバーシップ型雇用がこのような状況を助長していると言えます。メンバーシップ型雇用下では長く勤めれば勤めるほど転職がしづらくなり、転職できたとしても条件が悪化しがちだからです。

一時期さかんに議論され、国会でもさんざん審議に時間を使った挙句、導入して1カ月の時点で適用企業がわずか1社、1年後も約10社にとどまった高度プロフェッショナル制度についての議論も、同じ文脈で理解ができます。この法案に反対した野党は、その理由として、労働時間管理義務が軽減されることで、残業時間が青天井になるリスクがあることを挙げていました。

しかし米国だけに限らず、例えばシンガポールや香港などでは、おおむね年収で300万〜400万円程度と、日本の基準に比べるとずっと低い水準から、事実上のホワイトカラーエグゼンプションが適用されていますが、このような地域で過労死や過剰労働が問題になることはほとんどありません。筆者はかつて香港に駐在し、シンガポールや中国大陸の現地法人の経営管理・人事管理も管轄していましたが、毎年両地域では賃上げが問題にはなっても、労働時間、過剰労働が問題になったことはありませんでした。

仮に労働時間が報酬に対して過剰になった場合、これらの地域では労働者がすぐに転職してしまいます。それを防ぐためには経営側としては、適正な対価を提供しなければならず、過剰労働を課すことはそもそも不可能だったのです。このような環境下では、経営側が過剰に高圧的に労働者を圧迫する、いわゆる「ブラック企業」はあっという間に市場から退出させられてしまうでしょう。日本国内における一連の問題は、特にホワイトカラー層については、メンバーシップ型雇用によって労働市場の流動性が低いことが背景の一つと考えられます。

ますます求められる「パーパス経営」

それでは、ジョブ型雇用を推進していくと、ブラック企業が少なくなっていく代わりに、みながどんどん転職する非常にドライな社会になっていくのでしょうか。これはよく誤解されることですが、「ジョブ型雇用＝短期間に転職」では決してありません。

我が国の法律では、日本国内ではどこでも自由に居住することができますが、気に入った特定の地域に長く住み、生涯を過ごす方も大勢いらっしゃいます。同じように、ジョブ型雇用によってエンプロイヤビリティが高まり、転職可能性が高まったとしても、その権利を行使せずに一企業に勤め続ける方は決して少なくありません。

現に、欧米でも長く好業績を続けている優良企業ほど、生え抜きかそれに近い人材がCEOや経営幹部を務めています。マイクロソフトやP&Gなどはそういった優良企業の典型です。ジョブ型雇用においてはキャリア機会を求めて転職するケースは確かにメンバーシップ型雇用より増えますが、企業側が適切な人材管理、タレントマネジメントをしていくことで、必要な人材を引き留め、長期雇用との両立を実現することができるのです。

必要な人材を確保するうえで近年ますます重要になってきている考え方が、企業の存在目的、パーパスです。報酬面での差別化が難しくなる中で、優秀な人材ほど、より有意義なことに人生の時間を使いたい、積極的に社会に貢献をする仕事をしたいと思うものであり、それらの人材を引き留めるのが、企業・事業そのものの目的です。SDGs、ESGといったこれからのグローバル社会に求められる価値観に沿った経営をしているかどうか、という点も重要です。

メンバーシップ型雇用のもとでのクローズド・コミュニティにおいては、仮にパーパスやミッション・ビジョンが額縁に飾った標語にすぎず、経営陣がそっちのけの経営をしたとしても、従業員はなかなか辞めることはできません。しかし、ジョブ型雇用では企業はオープン・コミュニティとなりますので、自社のパーパスや経営方針に納得がいかない従業員のリテンションリスクははるかに高まります。

これは経営にとっては少々やっかいなことですが、株式市場や顧客よりも企業内部のことをはるかに熟知した従業員というステークホルダーが規律をもたらすことで、より本腰を入れてパーパス経営を実現していく誘引になります。きちんとパーパスに対して真摯に向き合う会社ほど優秀な人材を獲得・引き留めて成長できるということは極めて健全であり、社会全体で見れば大いにプラスになると言えるでしょう。

ジョブ型雇用を通じた、企業と個人の健全な関係構築の実現

ここまで見てきた通り、ジョブ型雇用は人材のフローも含むエコシステム全体の改革が求められるため、これまでメンバーシップ型雇用にどっぷりつかった企業ほど、困難な改革が予想されます。また、ジョブ型雇用を通じた人材確保や人材ポートフォリオの機動的な見直しなどの高い効果を発揮していくうえでは、業界全体、我が国全体の雇用システム

として普及していくことが重要です。金融やＩＴ、スタートアップなど特定の業界・企業群でジョブ型雇用が普及しつつある一方、厳然としてメンバーシップ型雇用が支配的な業界も少なくないのはこのためです。

この状況を打開するには、第一にはもちろん個別企業の方針・改革推進ですが、すでに述べてきたように、我が国政府や経済団体は、ジョブ型雇用の普及に向けて重要な役割が期待されます。

ジョブ型雇用が普及した後も、引き続き一つの企業に生涯勤めるケースは少なからずあると思いますが、これまでに比べて転職はより身近なものになるでしょう。クローズドな企業社会・ビジネスでは見えなかったものが、オープンになれば見えるようになり、企業の知の探索・イノベーションにつながるといった側面もあります。労働市場が変化し、人材獲得競争が激しくなる中で、「いつでも転職できる」マーケットバリューを持った人材をいかに集め、エンプロイヤビリティを高めるかが企業にとっては勝負となります。

いま、日本型人材マネジメントは大きな転換期を迎えています。明治維新や第二次世界大戦後の混乱期など、先人たちが乗り越えてきた幾多の困難と比べれば、ジョブ型雇用がもたらすマインド・秩序の転換は大したものではない、という見方もあるかもしれません。しかし、個別企業、個々人にとっては、それぞれのかけがえのないキャリアや人生、自社の盛衰をかけて、チャレンジをしていくことが求められています。

ジョブ型雇用の検討や導入にあたっては、個別企業が置かれた環境・経営戦略の違いを踏まえた、適切な形での導入が求められています。しかし同時に、労働市場全体がミクロな立場の合算、いわゆる「合成の誤謬」に陥らず、全体として生産性向上、産業競争力の強化や新しいイノベーションの創出につながるようにしていくことが重要です。人材市場の活性化、健全な意味での人材流動化は経営の緊張感を高め、個人に対しても健全な緊張感を高めていきます。企業と個人がより健全で対等な関係となることが、日本経済全体の最適な人材資源配分・生産性向上や新たな産業の創出につながっていくのです。

日本企業や日本人が本来持っている粘り強さや創造性、品質へのこだわりといった人材競争力を解き放っていき、企業活動を通じたグローバルな社会課題の解決を加速していくことが、いまこそ求められています。

事例❺

メルカリ

――バリュー・カルチャーを徹底したタレントマネジメント

株式会社メルカリ　基本情報
業種：情報・通信
売上：763億円（連結／2020年6月期）
従業員：1792名（連結／2020年6月）

制度の軸となるバリューとカルチャー

メルカリは、2013年の創業以来、カルチャーを重視した経営を貫いています。根幹にあるのは、「新たな価値を生みだす世界的なマーケットプレイスを創る」というミッションであり、Go Bold（大胆にやろう）、All for One（すべては成功のために）、Be a Pro（プロフェッショナルであれ）という3つのバリューの体現が、人事施策の軸になっています。

ミッション・バリューのほかにも、トラスト&オープンネスを掲げ、組織と個人の相互信頼を前提に、オープンなカルチャーづくりのため徹底して情報を公開しています。カルチャーへのフィットを重視し、ガイドラインはあってもできるだけルールでは縛らず、社員が自らバリューを体現することを後押ししています。

バリュー体現をベースにした人材の成長支援

同社は、社員に対してカルチャーや求める人材像についてまとめたガイドラインとして「カルチャードック」(Culture Doc：カルチャーについてまとめたドキュメントの意)を作成しています。「ミッション達成のために、世界中の様々な属性の人材の活躍が必須である。メルカリでは一人ひとりが持つ多様性を受け入れ、バリューを発揮することで、大きな成果を実現し、相互に成長し合える環境をつくる」ことを明記しています。

同社のエンゲージメントサーベイによれば、eＮＰＳ(他の人に自社への入社を薦めたいか)のスコアと相関性が高い要素は、個人として成長実感ややりがい、バリューを感じることであり、社員のカルチャーフィットの高さを表しています。また会社としても、バリューである社員の大胆な挑戦を後押しするべく、「ハック・ウィーク」「ボールド・キャンプ」という新規アイデアや事業を試す場といった、挑戦の機会を数多く設定しています。

また、2021年1月に新規事業の開発などを担う子会社「ソウゾウ」を設立しましたが、その社内公募には多くの応募があったといいます。新たな挑戦を好む人材が集まっていることがここでも浮き彫りになりました。

このような人材の成長を支援するため、3カ月に1回、本人がマネジャーとキャリアや成果を振り返るオフィシャルな1on1を実施するとともに、毎週または隔週で30分から1時間程度の1on1が実施されています。また、自身のバリューの発揮度合いなどについては、マネジャーからだけでなく「ピアレビュー」という周囲からのフィードバックを得られる機会もあり、頻繁なコミュニケーションの中で、バリューの体現を後押しするとともに、周囲にやりたいことをオープンにできる心理的安全性が培われています。

「アジャイル」なタレントマネジメント

採用・異動などのタレントマネジメントについても、伝統的日本企業と異なるユニークさが見られます。まず、採用計画は3年間の中期経営計画から立てられる毎年の事業計画にひもづいて立案されます。そのため、事業側にある程度の権限があり、それをＨＲ、ファイナンスが取りまとめ、人員計画・ＰＬに落とし込んでいくというプロセスをとっています。

投資家向けには３カ月ごとに開示をし、社内予算の見直しは半年ごとに行うなど、見直しを頻繁に行える環境を整えているため、まずは計画を作ってアジャイルに対応できることを重視しています。このような柔軟さ・アジャイルさが、同社のタレントマネジメントのキーワードの一つでしょう。報酬制度についても、最近、グレード・職種毎の給与レンジを設定しましたが、あくまでも目安として、個人の資質や能力を鑑みて、柔軟な運用もできる仕組みにしています。

さらに外資系企業とも異なるのが、採用はジョブベースで行うものの、入社後の仕事は、組織やプロジェクトの変化による変更が頻繁に起こることです。事業が拡大し、組織もアジャイルに変わり続けている中において、もちろん本人の意思を重視しつつも、ジョブを厳格に固定することはしていません。カルチャーとして「変化への柔軟性」を求めており、カルチャーフィットがある人材の採用・育成を徹底していることにより、このような柔軟なタレントマネジメントが実現できていると言えるでしょう。

それでは、ジョブ型雇用に見られるような代謝のマネジメントは、同社ではどのように行われているのでしょうか。仕組みとしては、結果が出ていなければ、賞与がゼロになることや、降格・降給もありえます。

ここでも、信頼をベースに、情報は明確に伝えることが徹底されているため、率直な評価が本人に伝えられます。成長支援や異動と同様に、社員と対等に向き合いメッセージを出すことが重視されています。

同社にはいわゆる市場価値が高い優秀な人材が多く、仮に自社とフィットしないと感じた場合には、おのずと社外を含めた別のキャリアを模索するケースが多いため、結果として健全な人材の新陳代謝が起きているということです。

まとめ

ここまでで述べたメルカリの人材育成・タレントマネジメントのあり方やその背後にある組織と個人の関係は、メンバーシップ型の組織と明らかに異なるものですが、一方、入社後の仕事は厳格に固定化されておらず、外資系企業とも異なるユニークさを持っています。それでも人材マネジメントの軸がぶれないのは、ミッション・バリュー、トラスト&

オープンネスが徹底しているためです。まさに旧来的な新卒採用中心・プロパー文化のクローズド・コミュニティとは一味違った、ジョブ型雇用時代のオープン・コミュニティの好事例といえるでしょう。

【執筆者紹介】

大路 和亮（おおじ・かずあき）

第3章を担当。アクセンチュア（戦略グループ）を経てマーサーに参画。組織設計・人事戦略プラクティスをリード。東京大学法学部卒、MIT スローン経営大学院修士課程（MBA）修了。

坂井 萌（さかい・もえ）

第1・6章および全体編集を担当。経済産業省を経てマーサーに参画。役員報酬制度設計、サクセションマネジメント等に従事。東京大学法学部卒、IE ビジネススクール MBA 修了。

白井 正人（しらい・まさと）

第1章および全体監修を担当。DTT、PwC 等を経てマーサーに参画。組織・人事領域のマネジメントコンサルティングに約30年間従事。早稲田大学理工学部卒、ロッテルダム経営大学院（MBA）修了。

中村 健一郎（なかむら・けんいちろう）

第2章を担当。NTT データを経てマーサーに参画。組織・人事領域のコンサルティングにおいて約20年のキャリアを有する。一橋大学経済学部卒、経営行動科学学会会員。

伴登 利奈（ばんどう・りな）

第5章を担当。外務省を経てマーサーに参画。グローバル人材マネジメント、リーダーシップ開発等のプロジェクトをリード。横浜国立大学経済学部卒、ドイツ・ケルン大学留学（EU 経済専攻）。

山内 博雄（やまのうち・ひろお）

第4・6章および全体編集を統括。日本興業銀行、ベイン・アンド・カンパニー等を経てマーサーに参画。コンサルティング・事業会社双方に豊富な経験を有する。東京大学経済学部卒。

編著者紹介

マーサージャパン株式会社

組織・人事、福利厚生、年金、資産運用分野でサービスを提供するグローバル・コンサルティング・ファーム。全世界約25,000名のスタッフが130カ国にわたるクライアント企業に対し総合的なソリューションを展開している。

日経文庫 1437

ジョブ型雇用はやわかり

2021年4月23日　1版1刷

編著者　マーサージャパン

発行者　白石 賢

発　行　日経BP
日本経済新聞出版本部

発　売　日経BPマーケティング
〒105-8308　東京都港区虎ノ門4-3-12

装幀　next door design
本文デザイン　野田 明果
組版　マーリンクレイン
印刷・製本　シナノ印刷

©2021 Mercer Japan Ltd. All rights reserved.

ISBN978-4-532-11437-4
Printed in Japan

本書の無断複写・複製（コピー等）は著作権法上の例外を除き、
禁じられています。
購入者以外の第三者による電子データ化および電子書籍化は、
私的使用を含め一切認められておりません。
本書籍に関するお問い合わせ、ご連絡は下記にて承ります。
https://nkbp.jp/booksQA